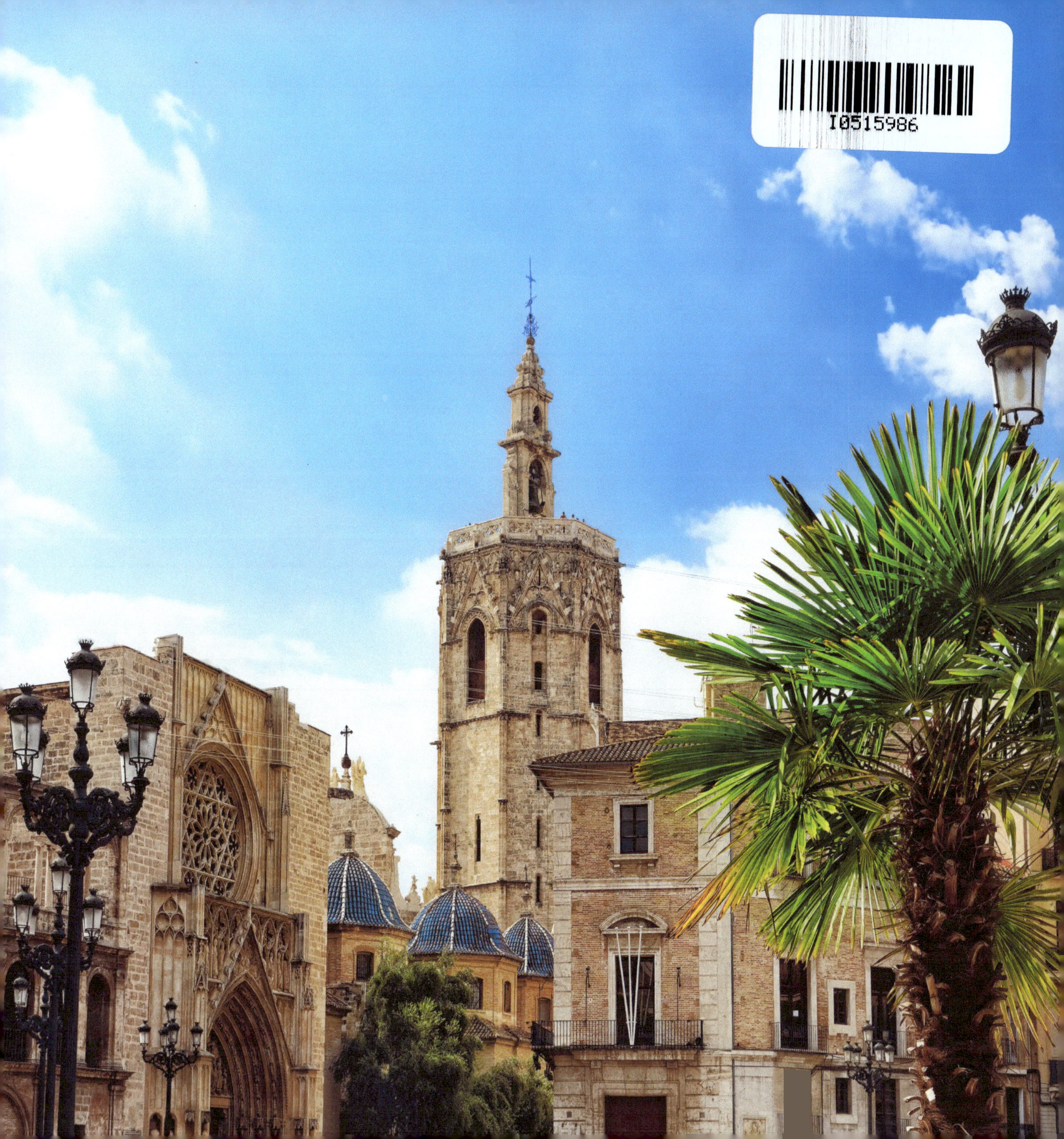

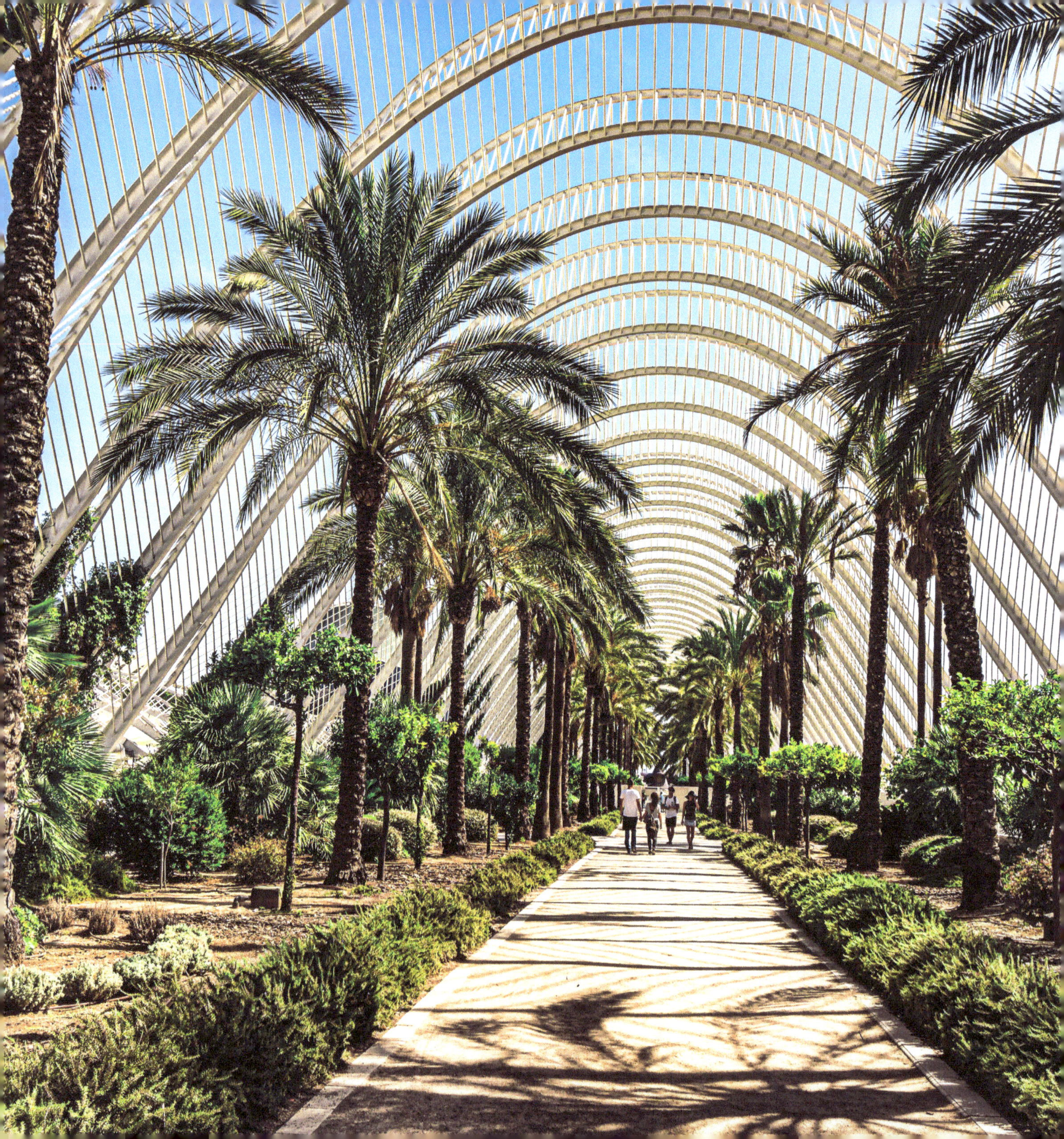

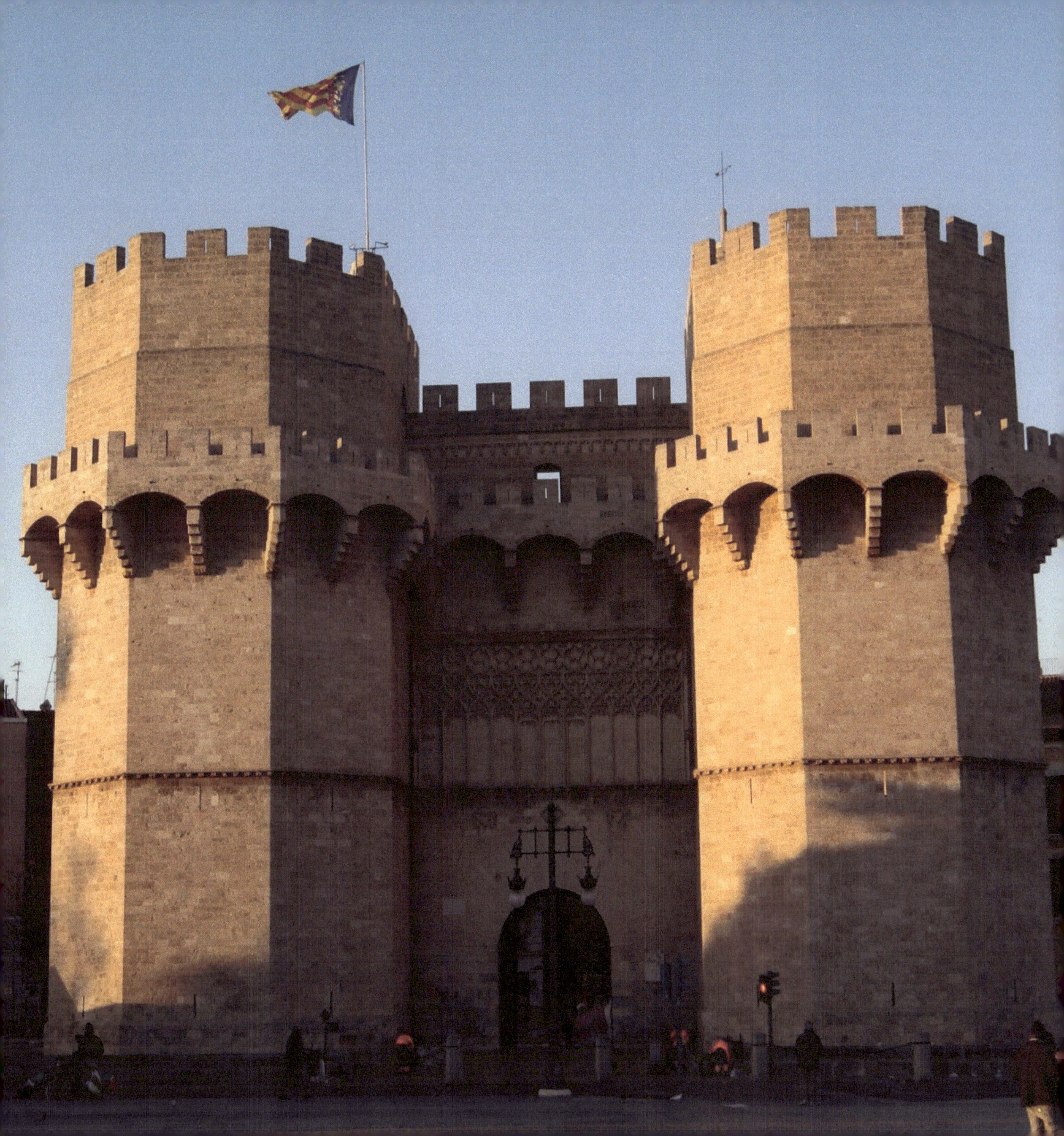

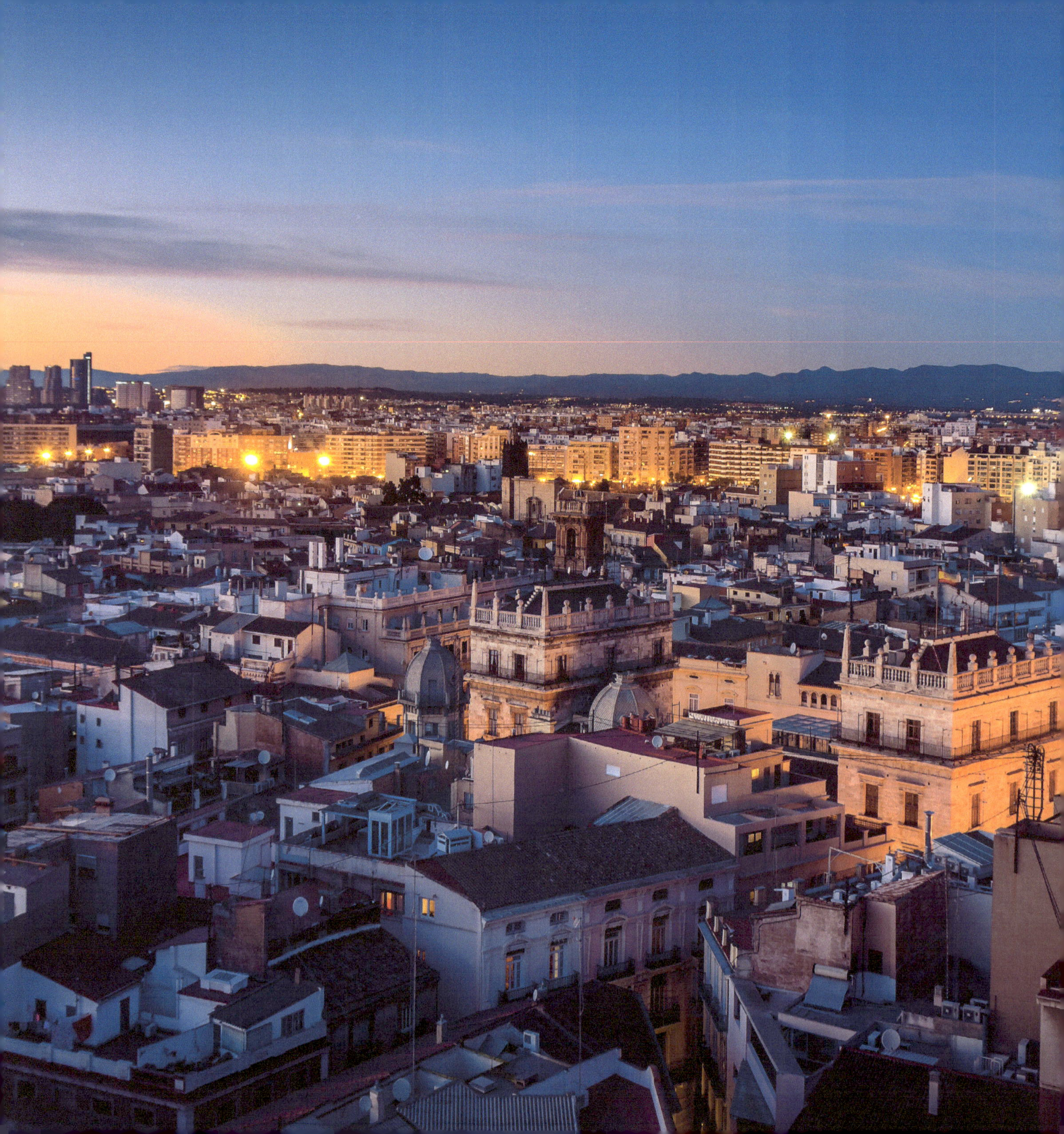

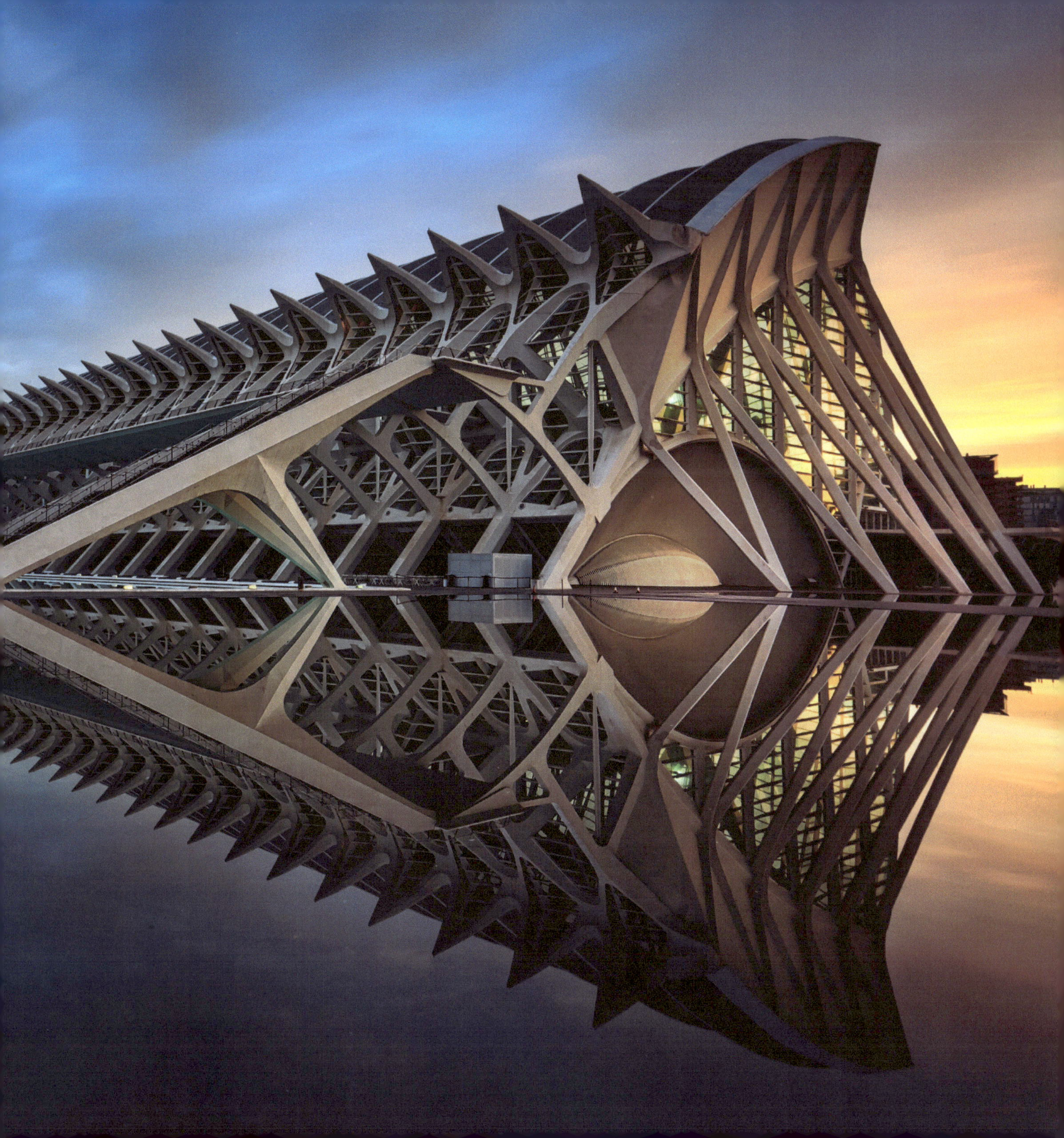

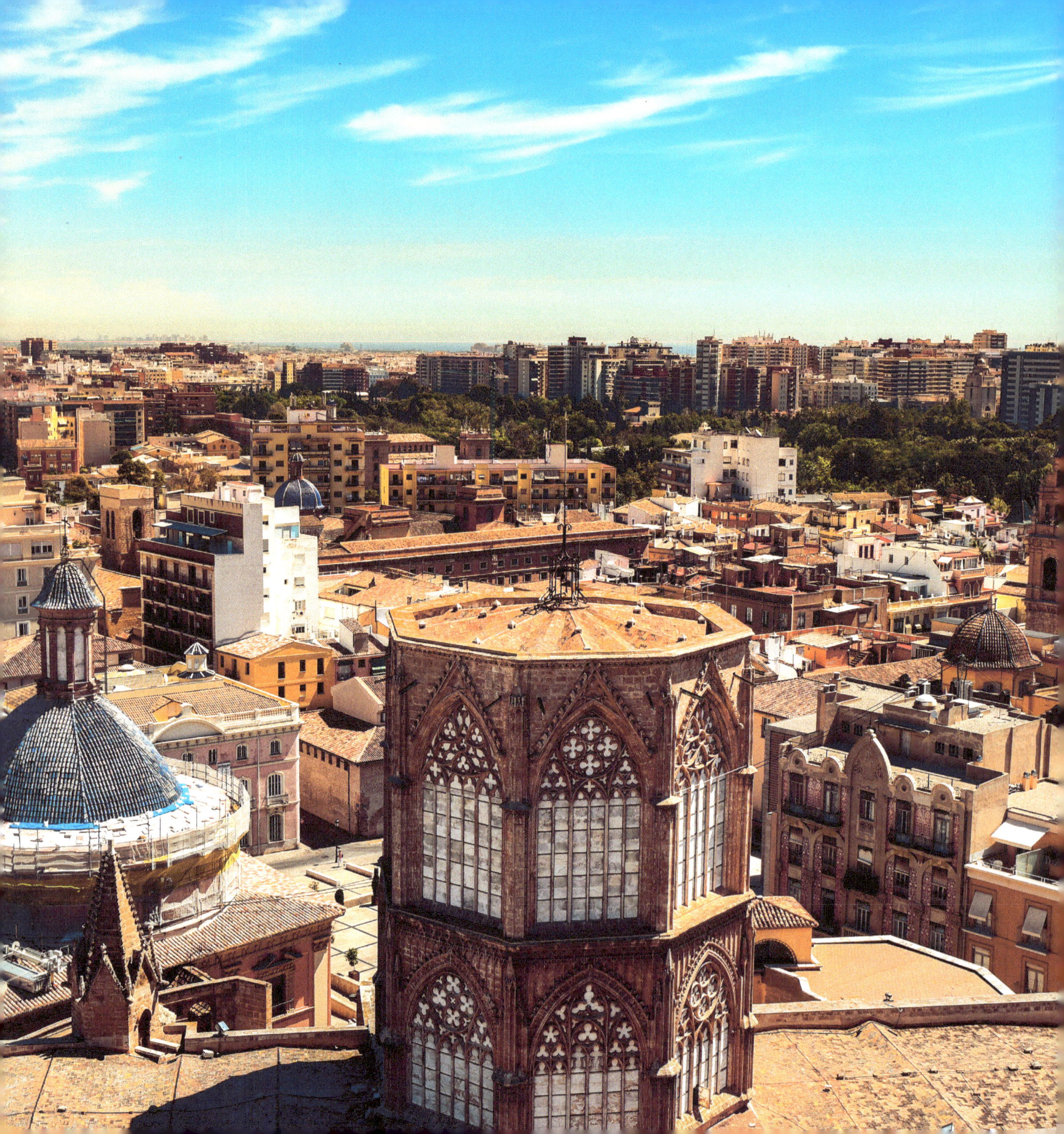

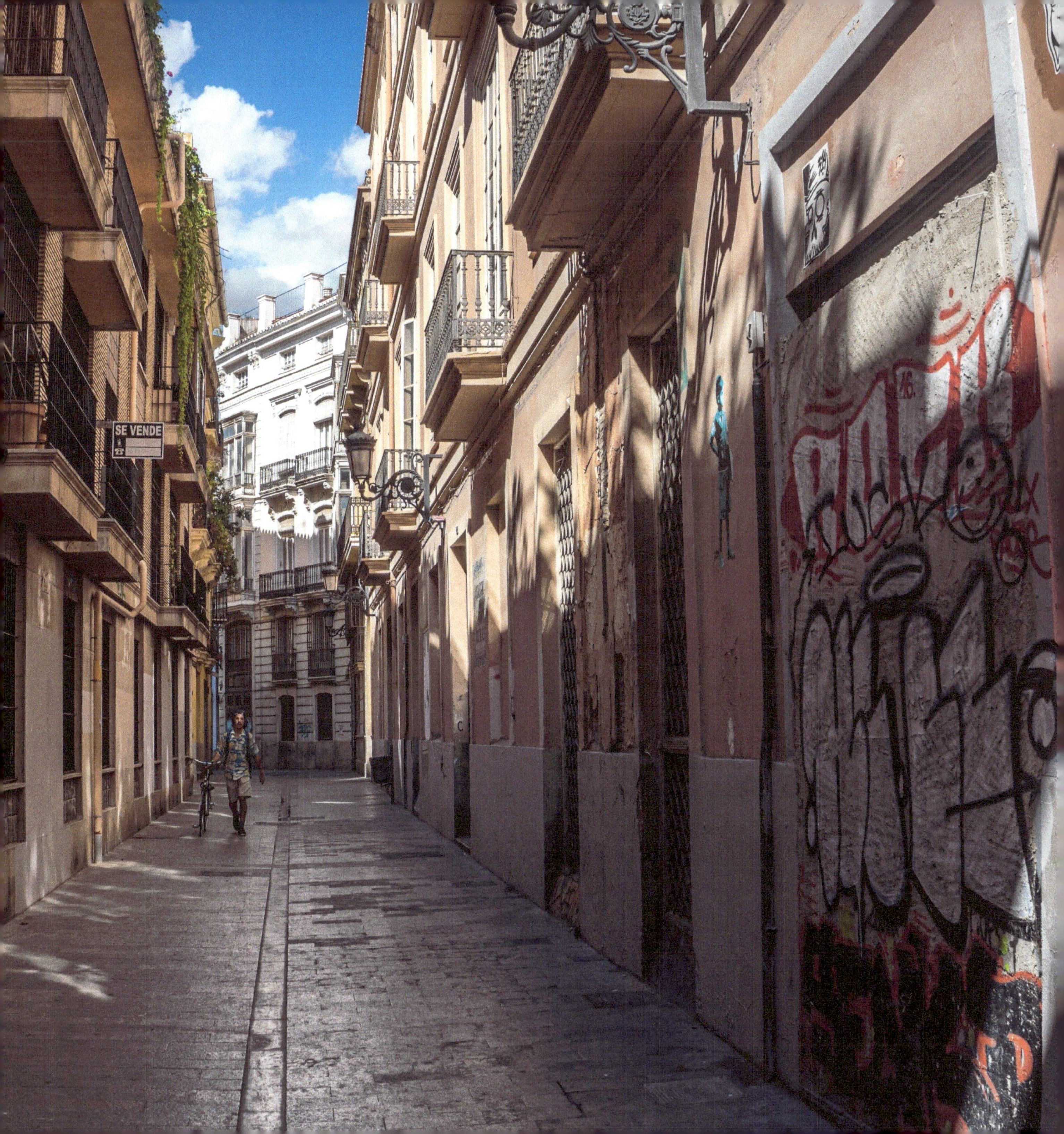
SE VENDE

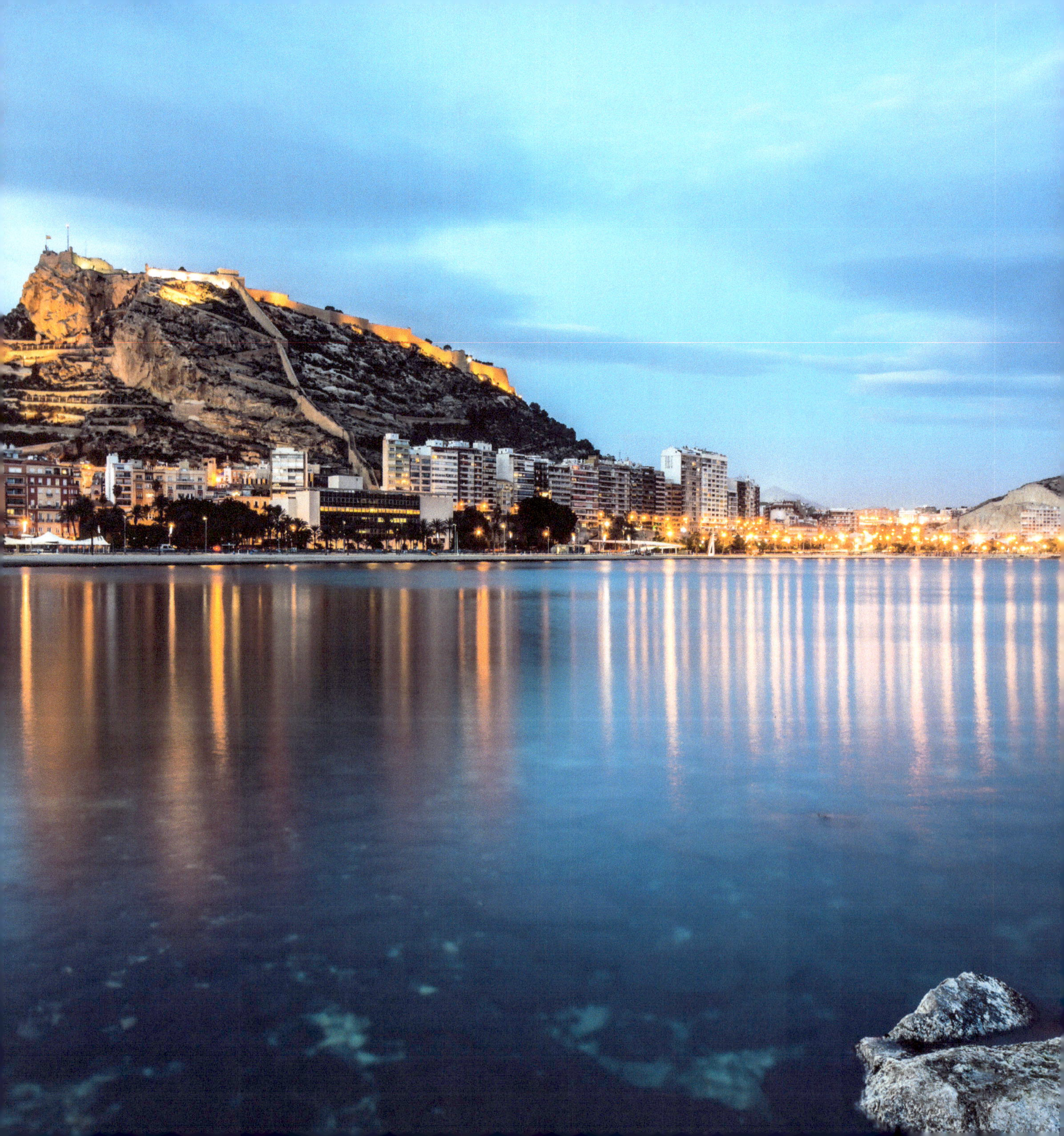

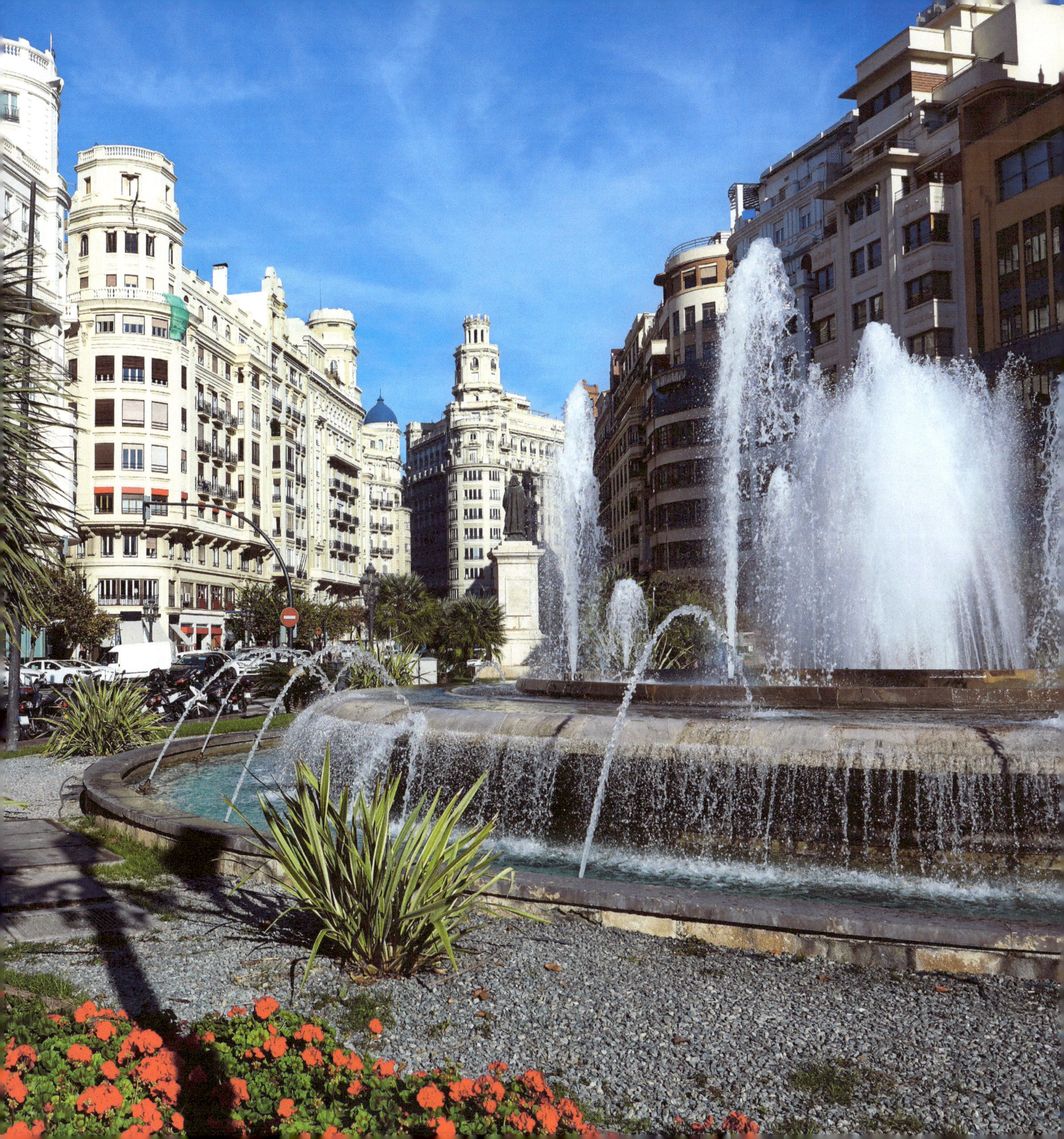

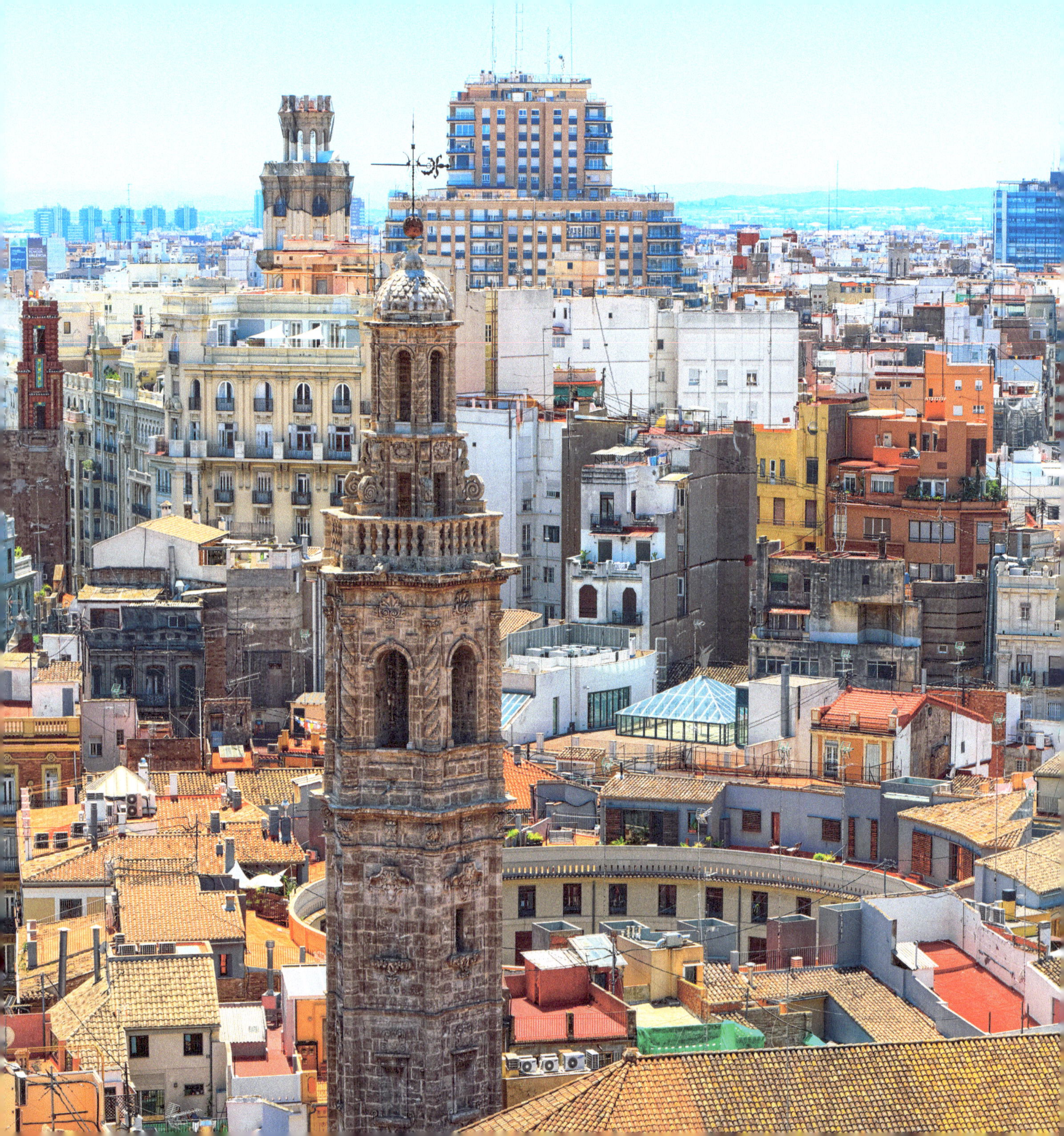

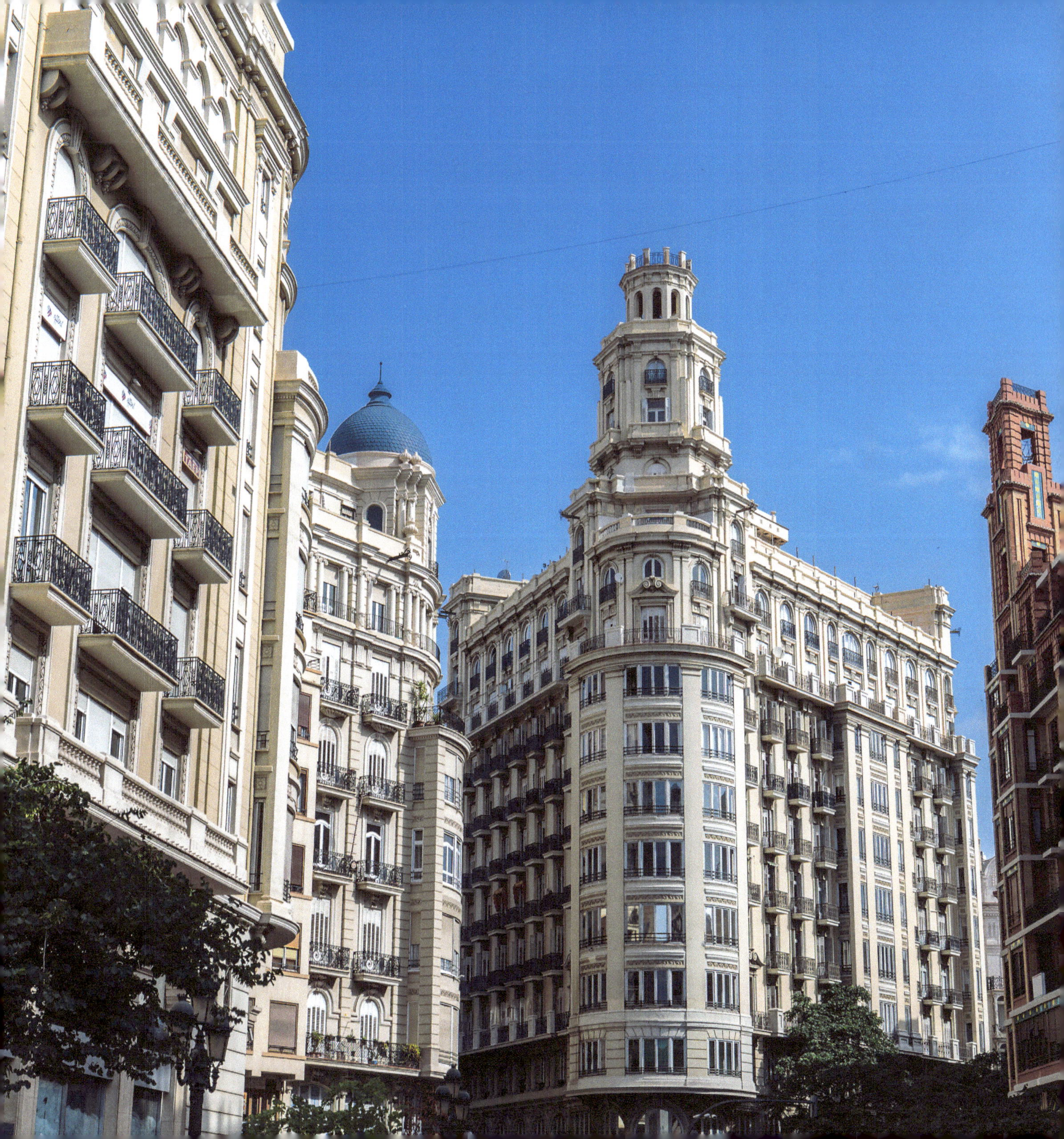

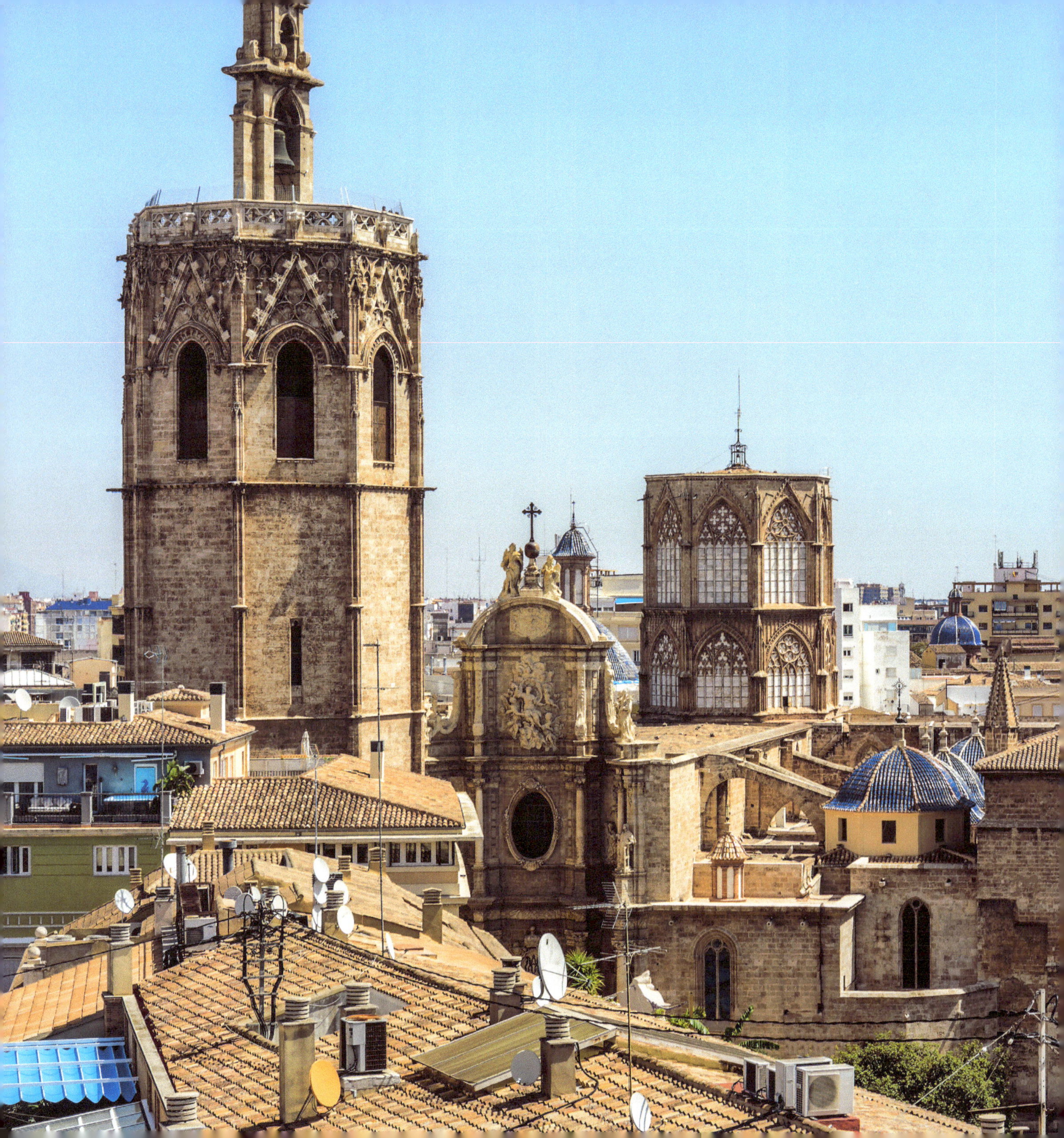

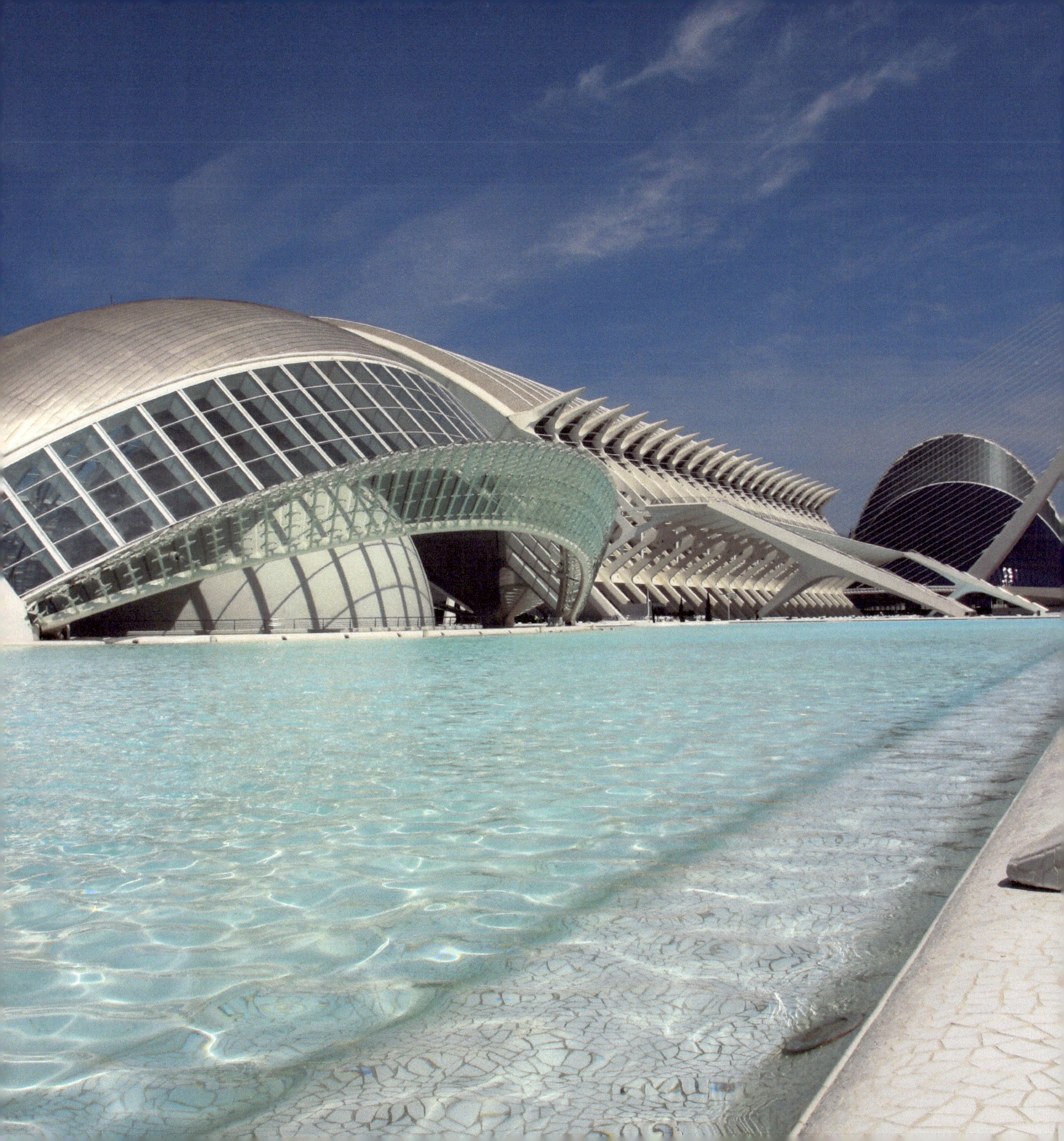

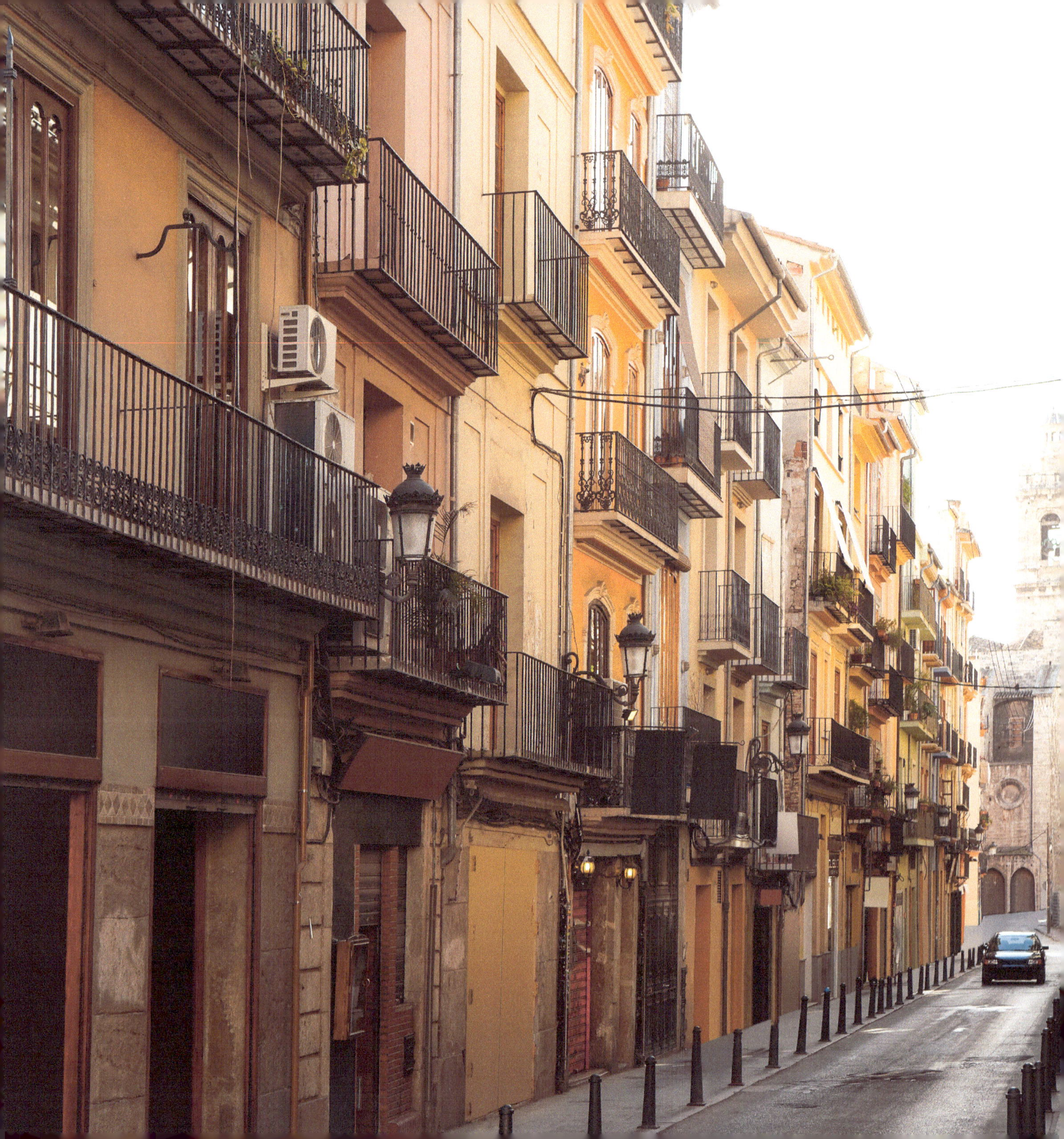

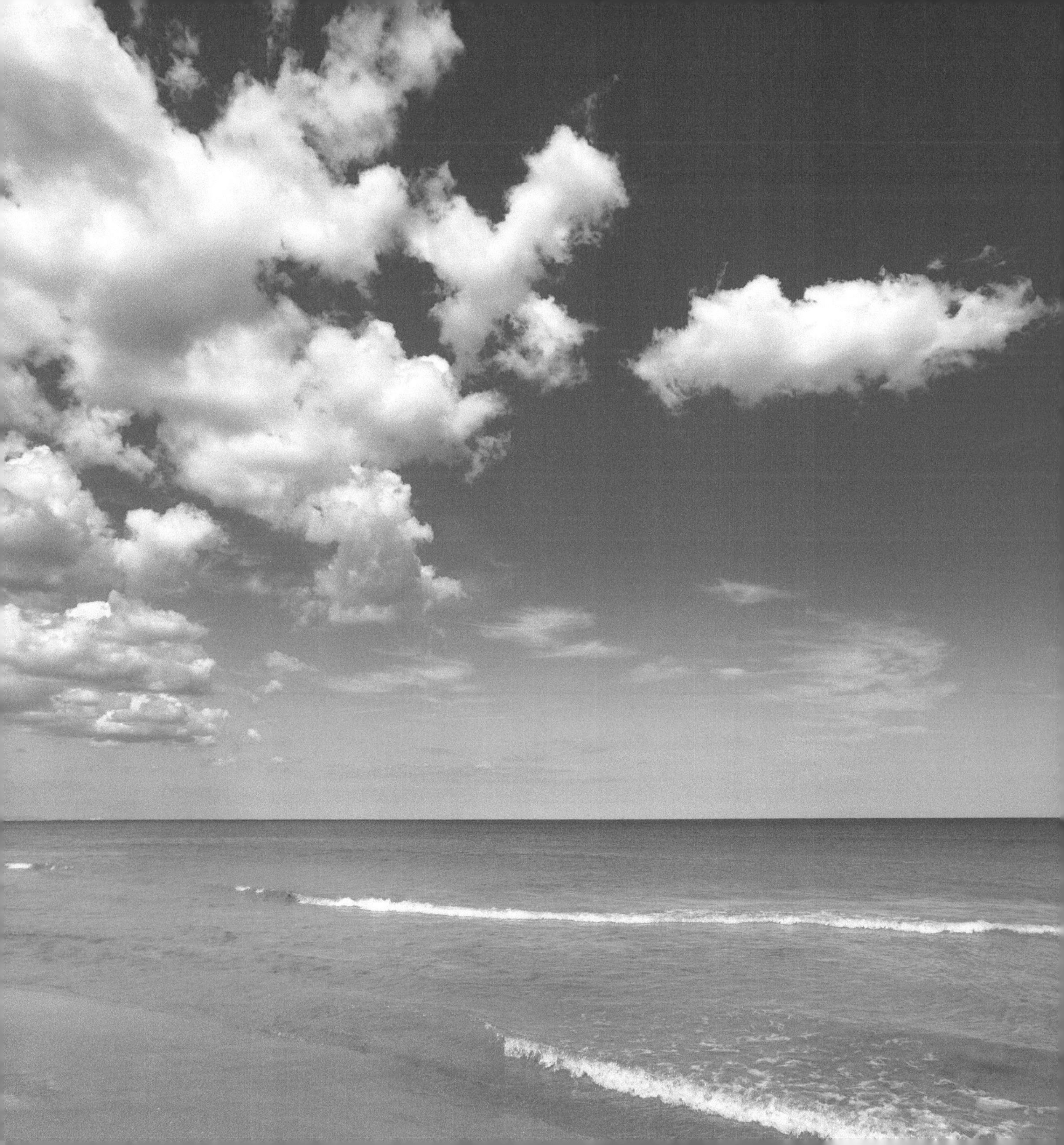

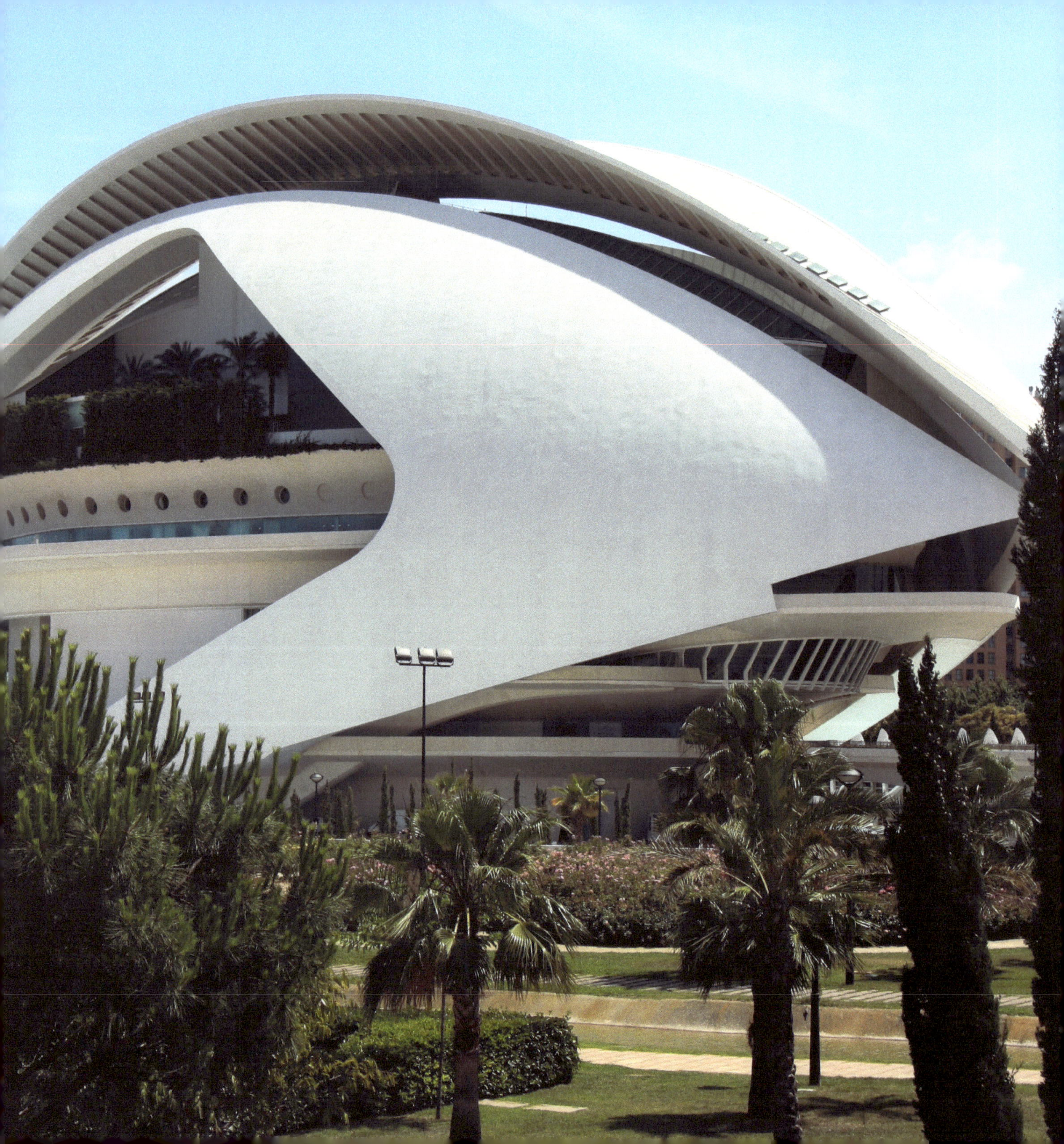

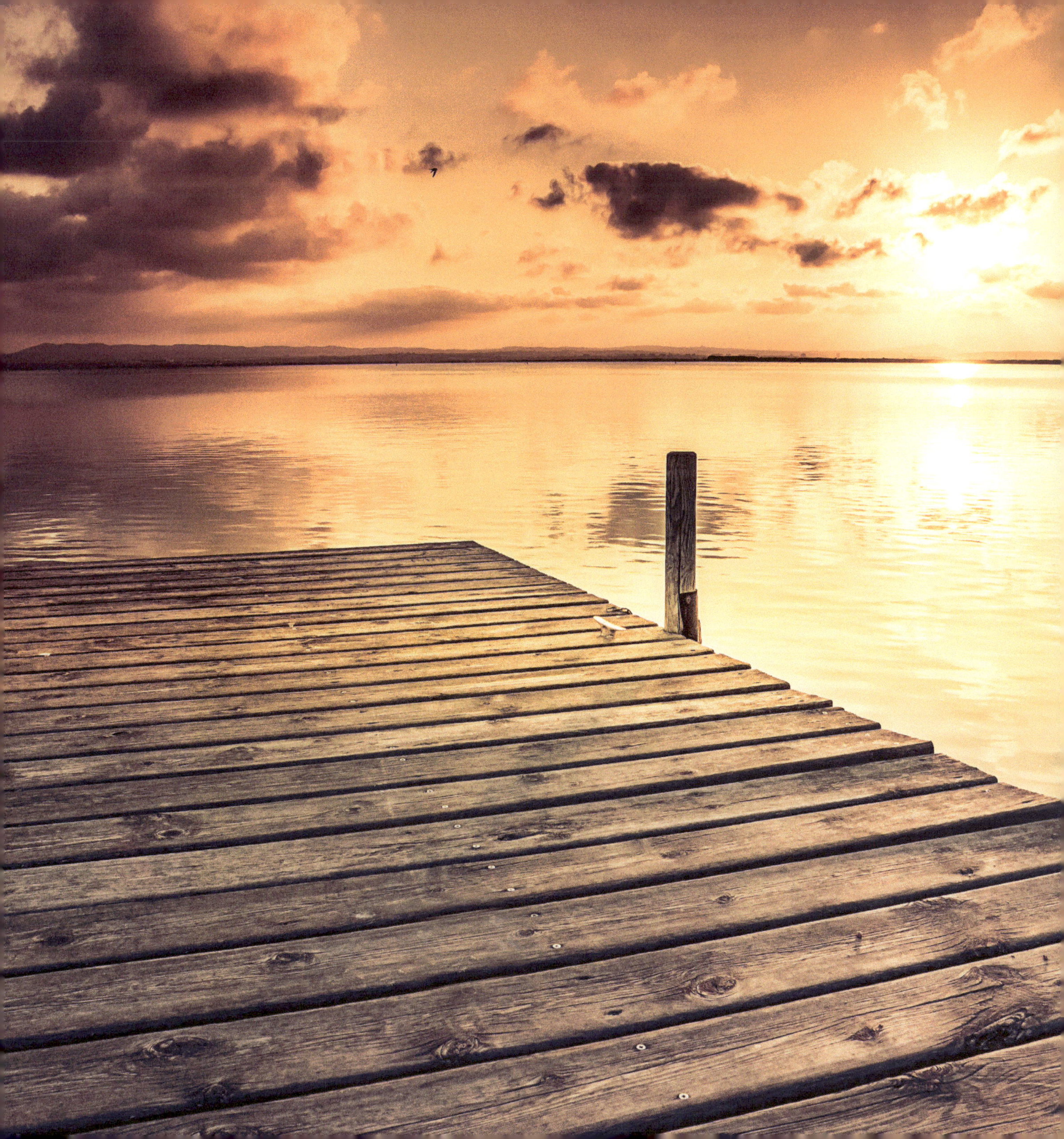

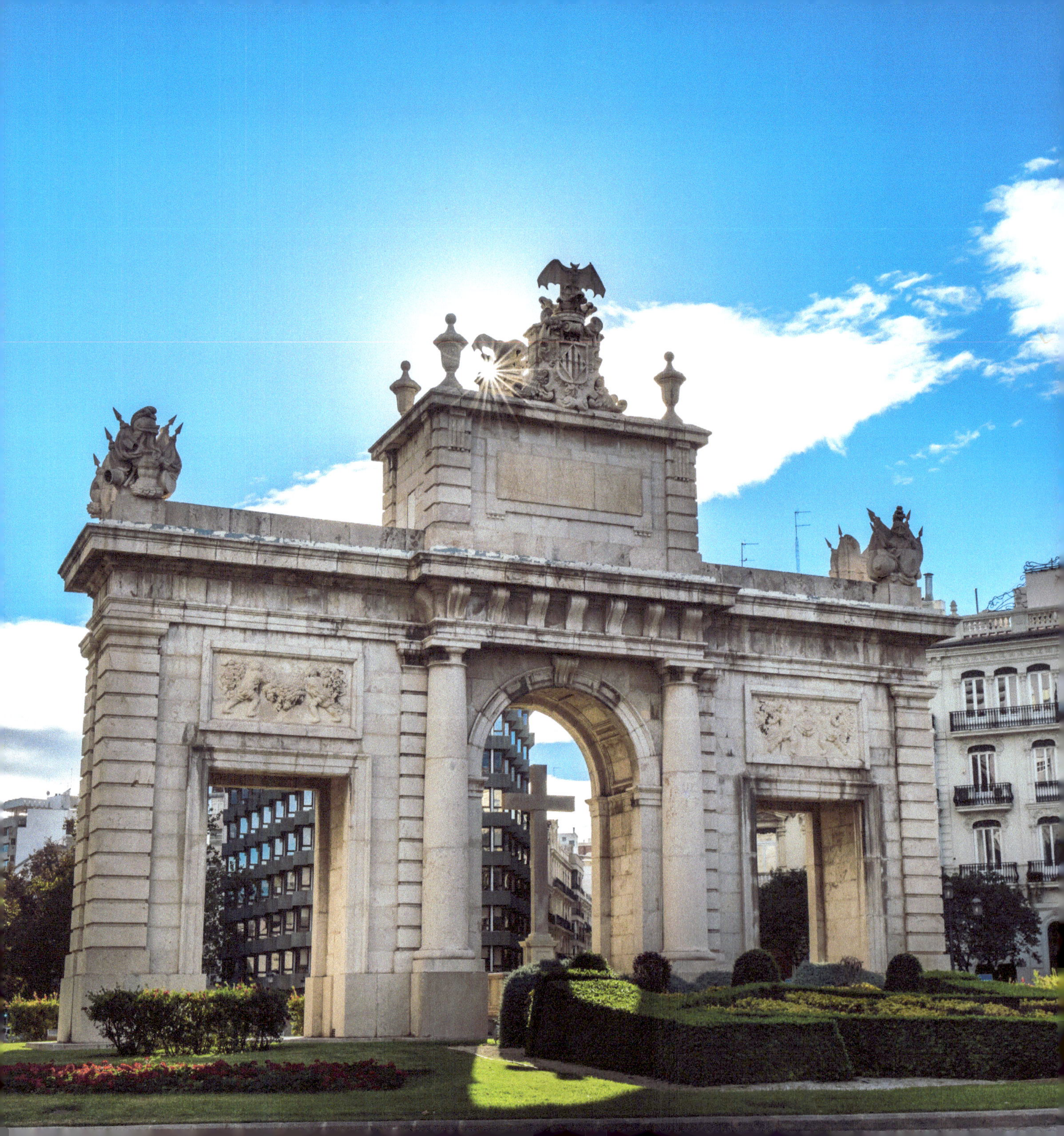

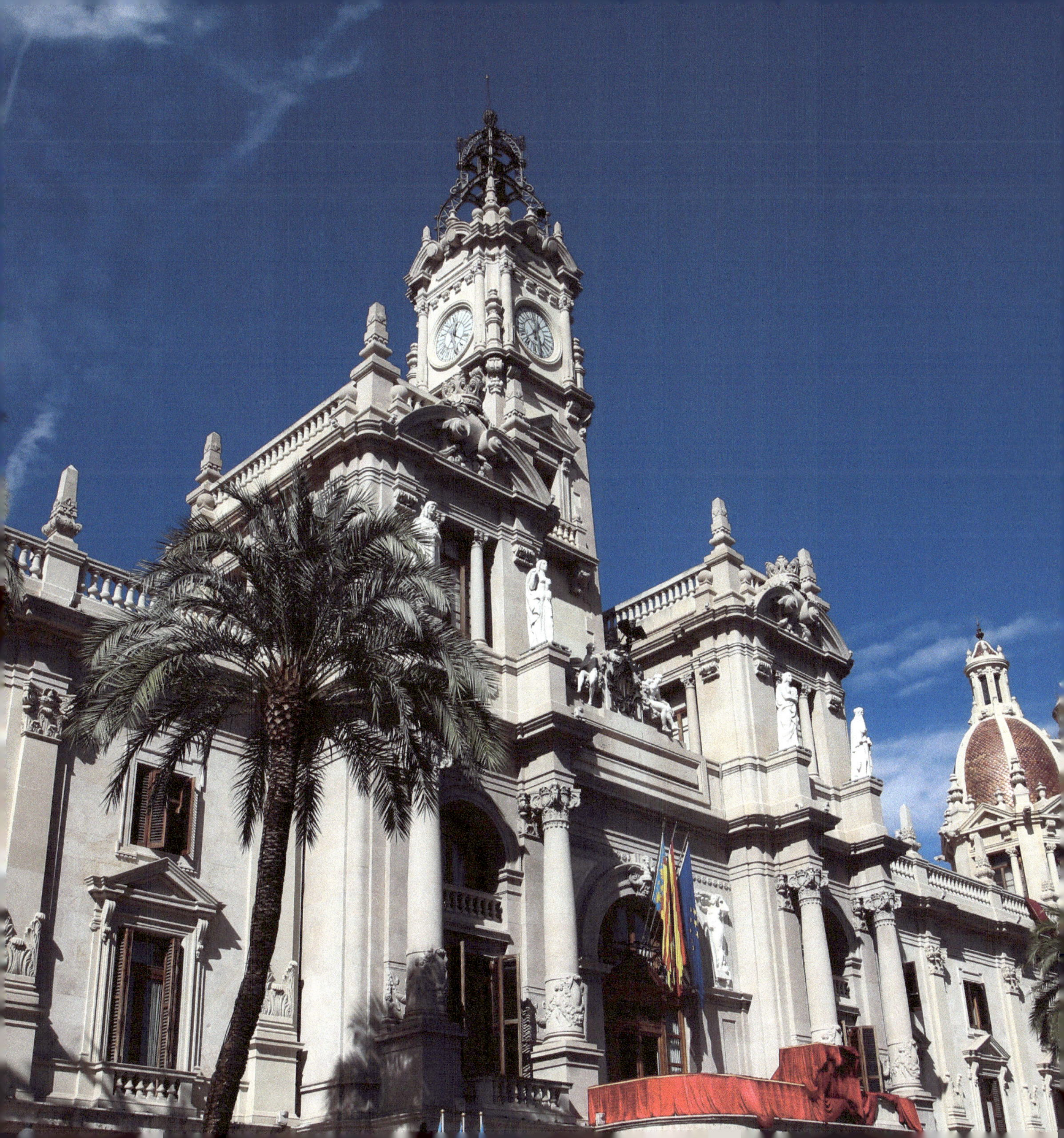

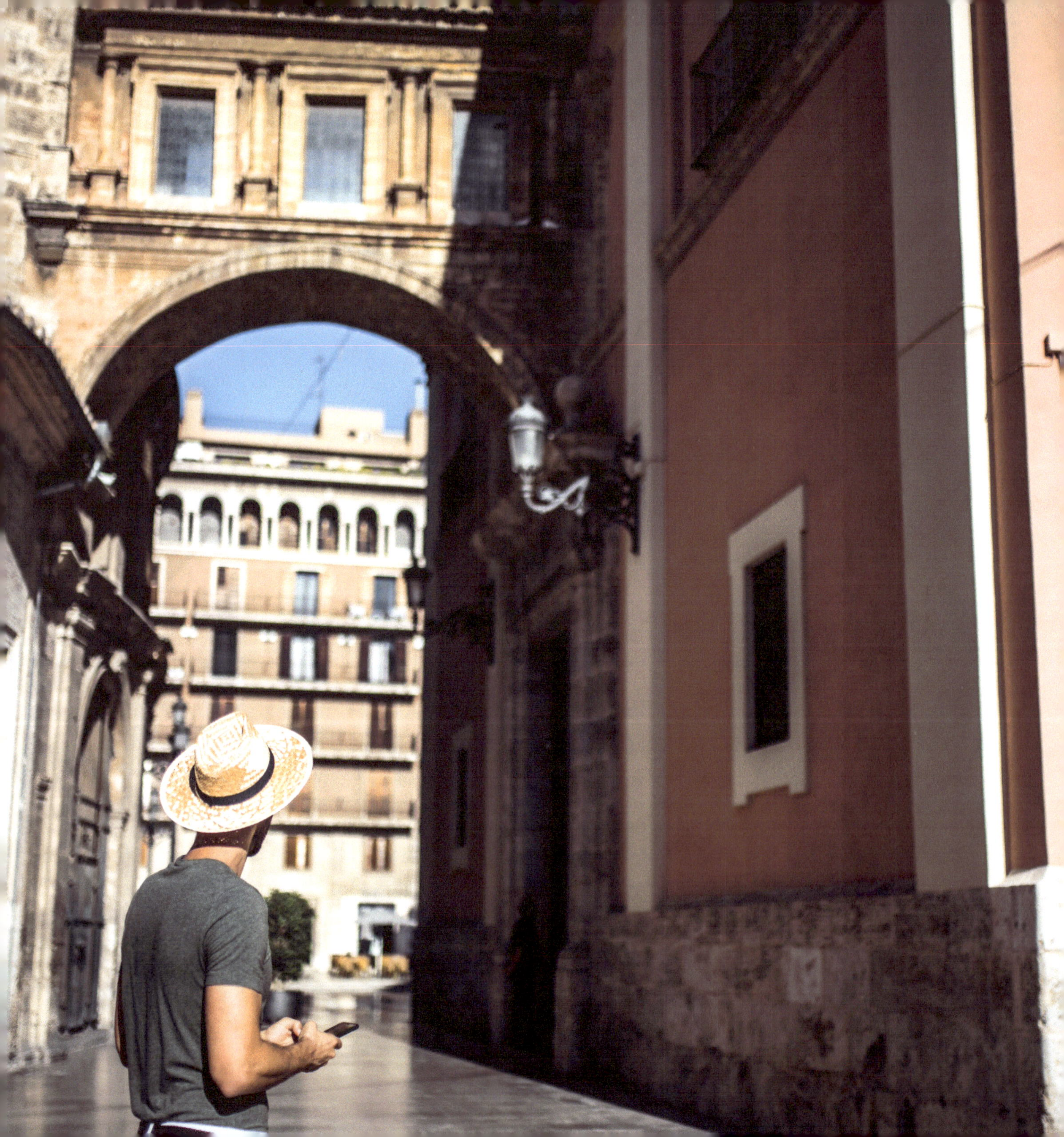

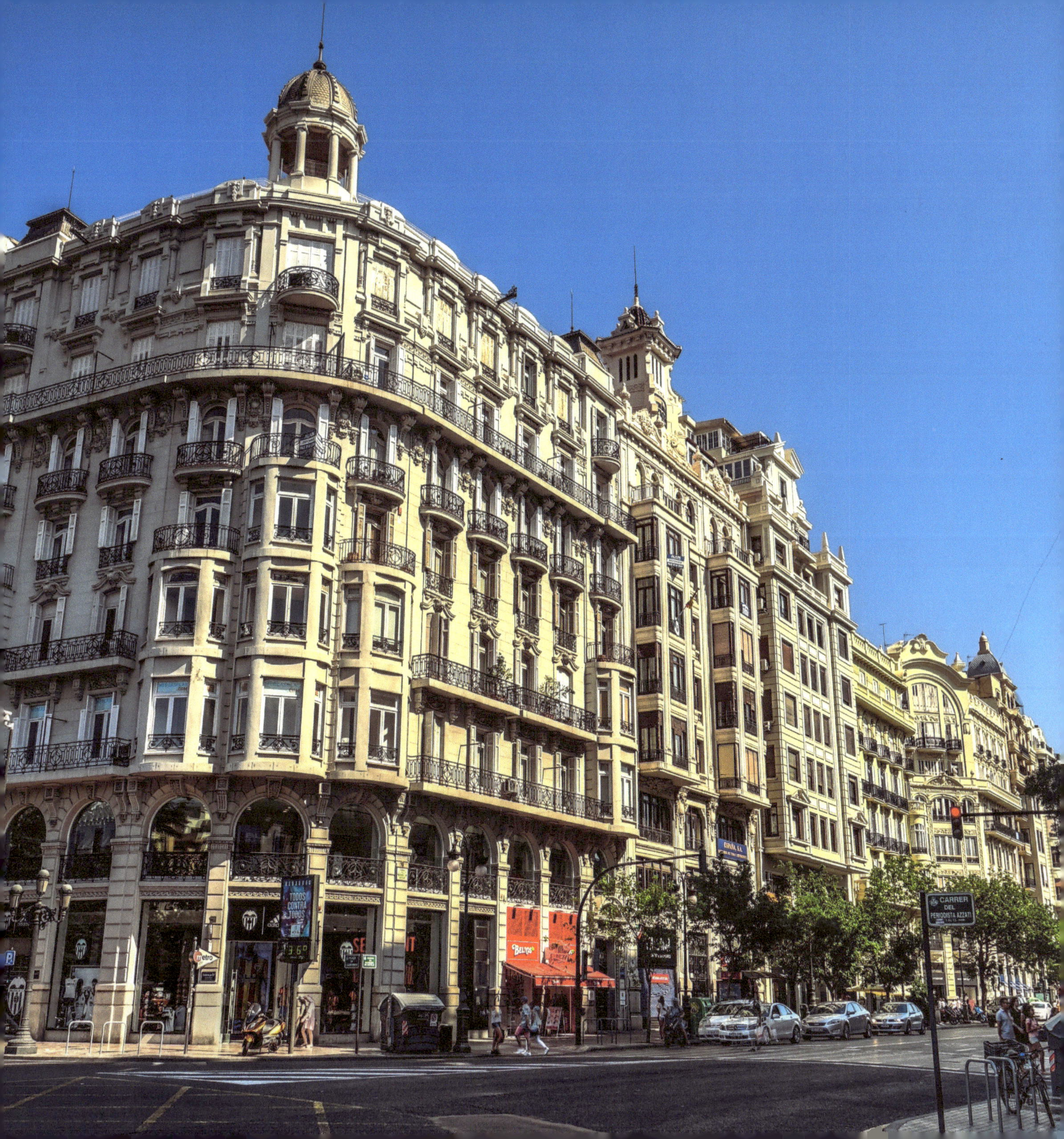
TODOS
CONTRA
TODOS
CARRER
DEL
PERIODISTA AZZATI

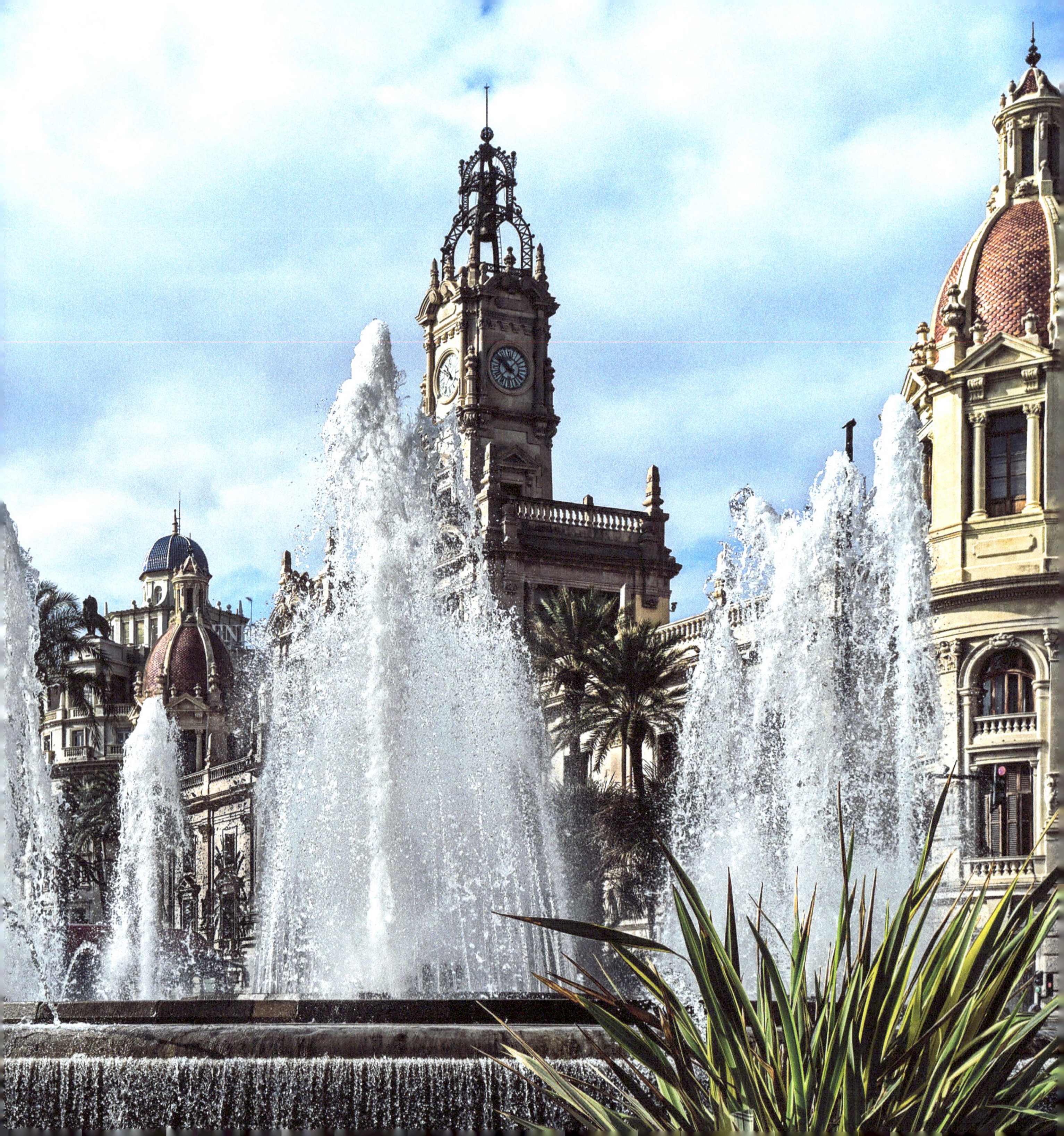

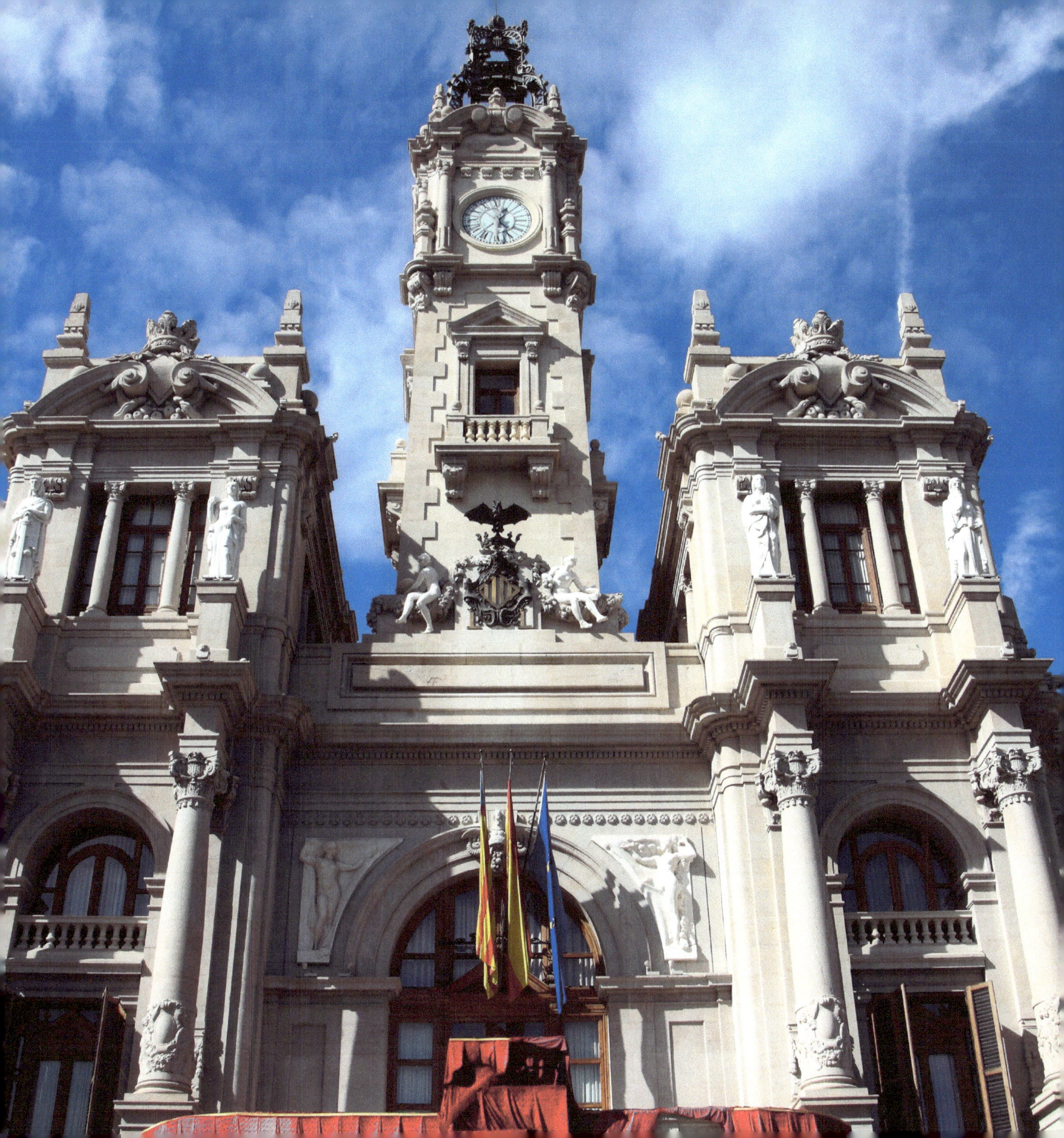

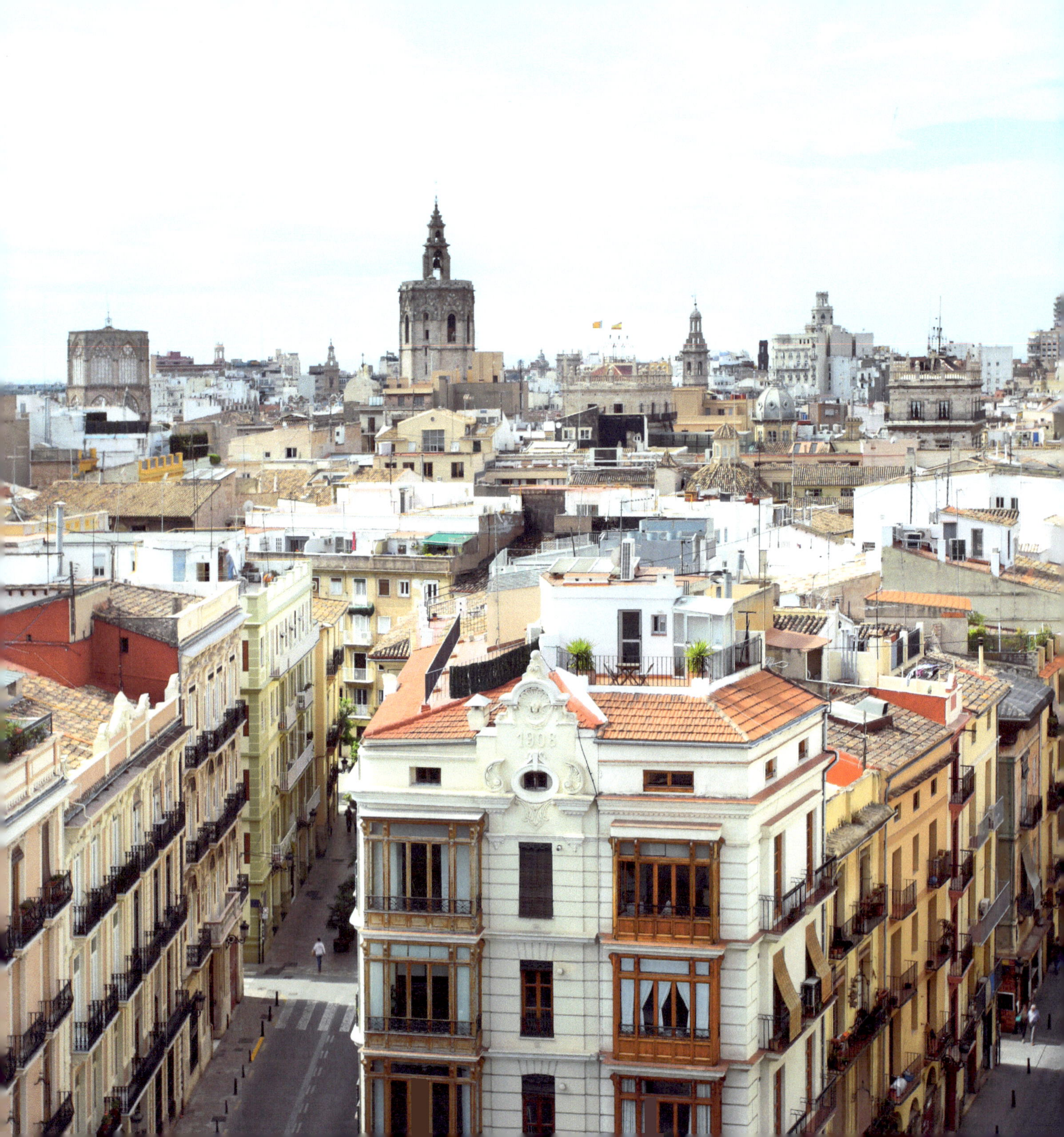
1908

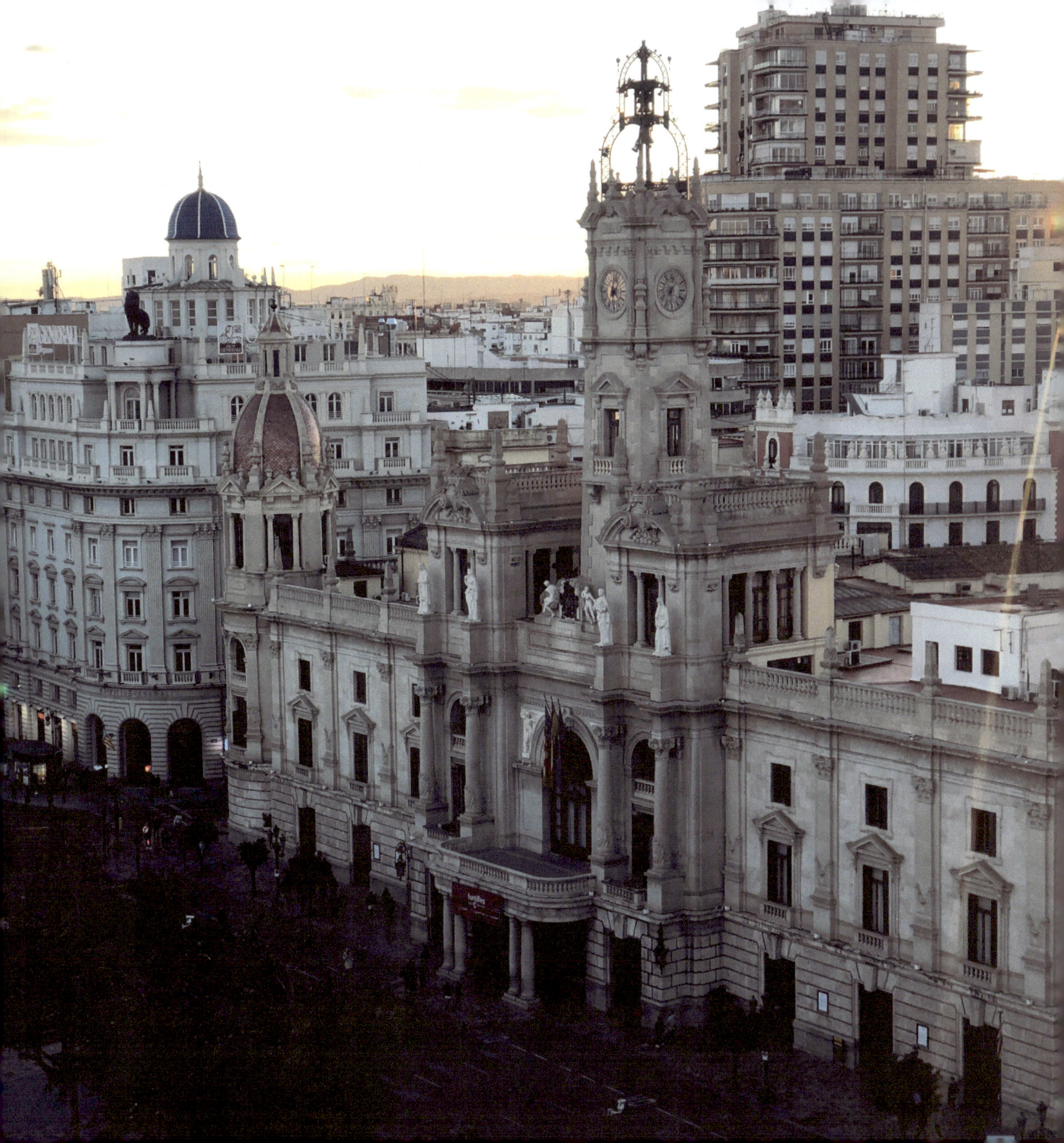

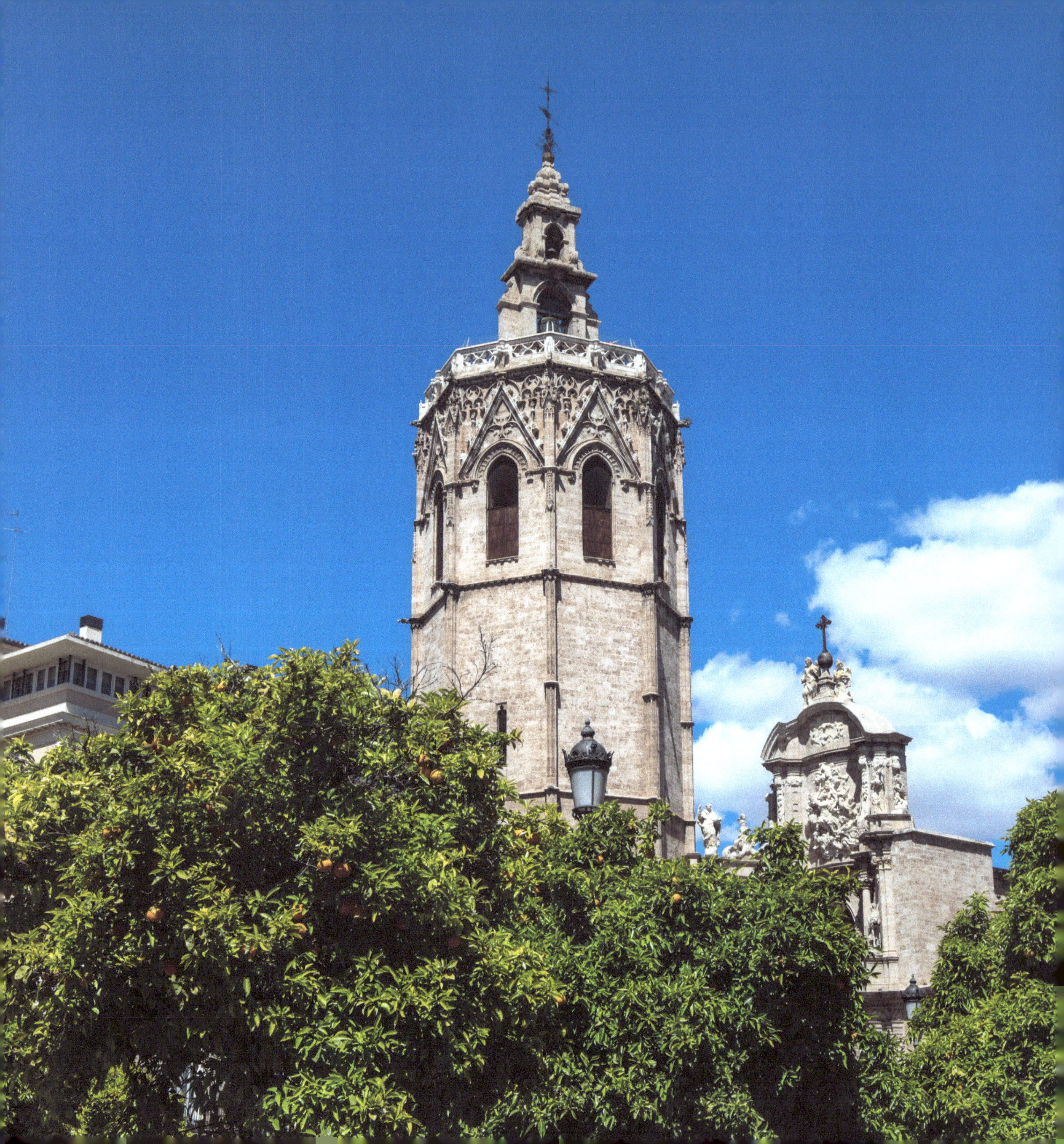

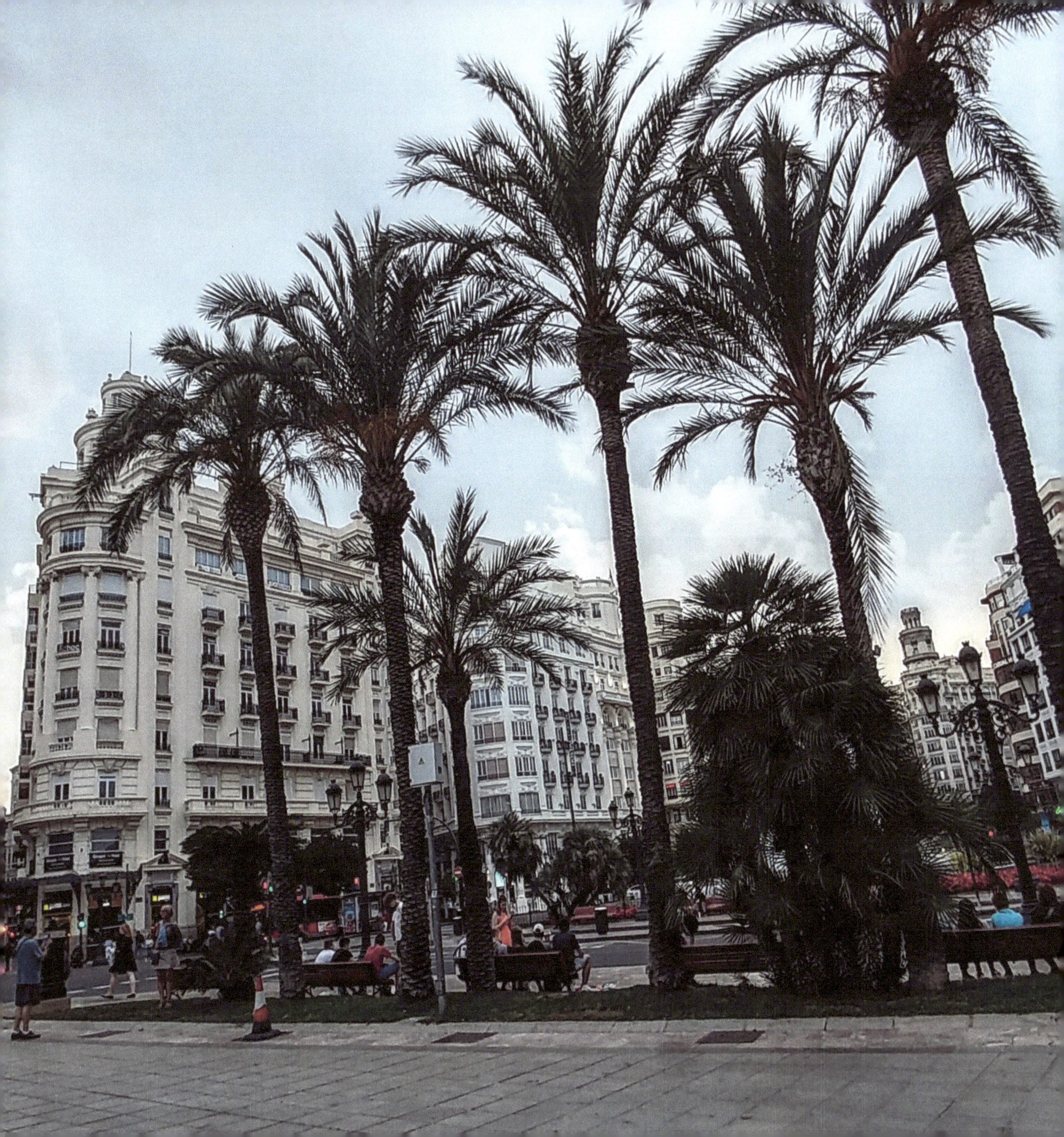

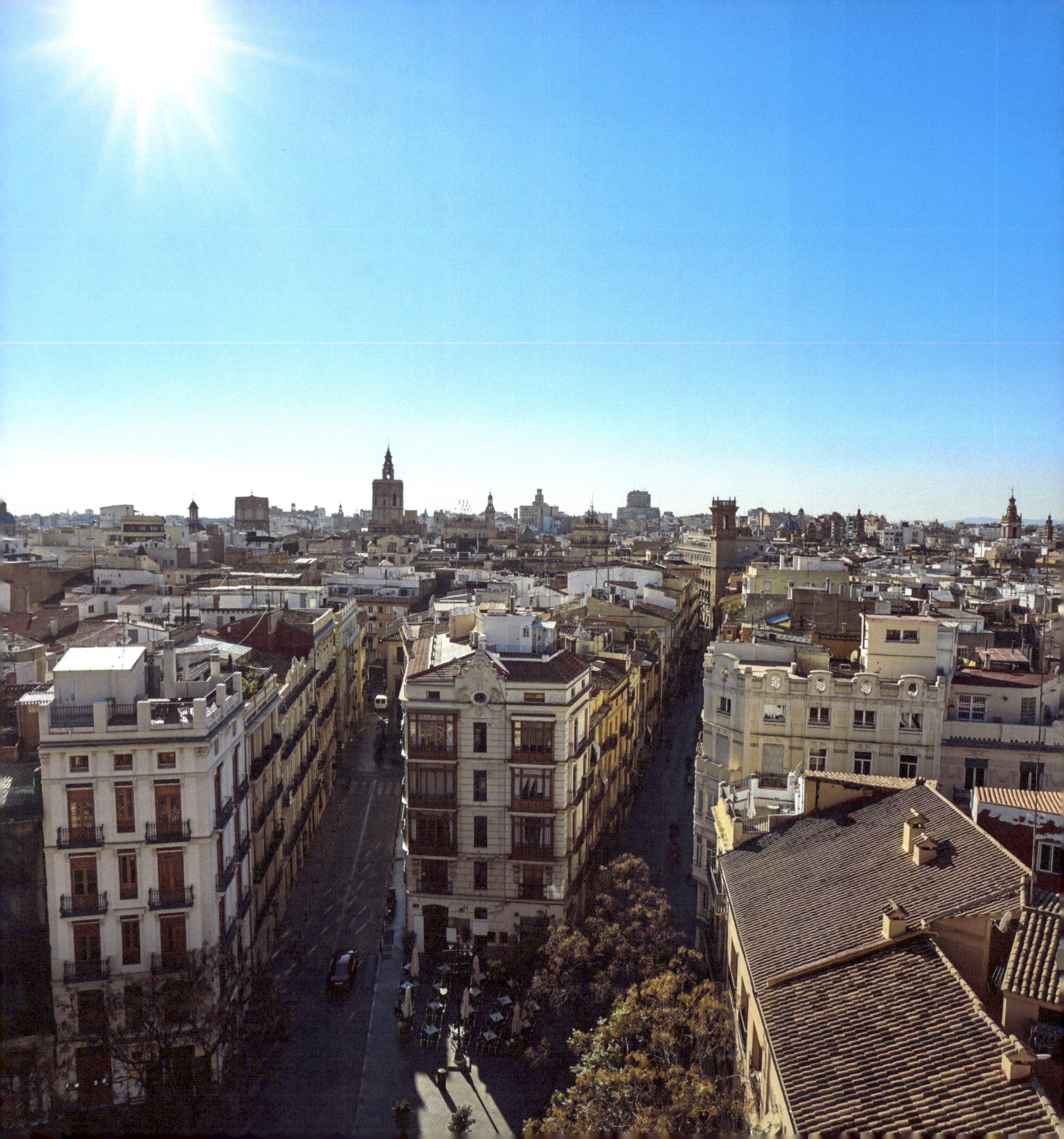

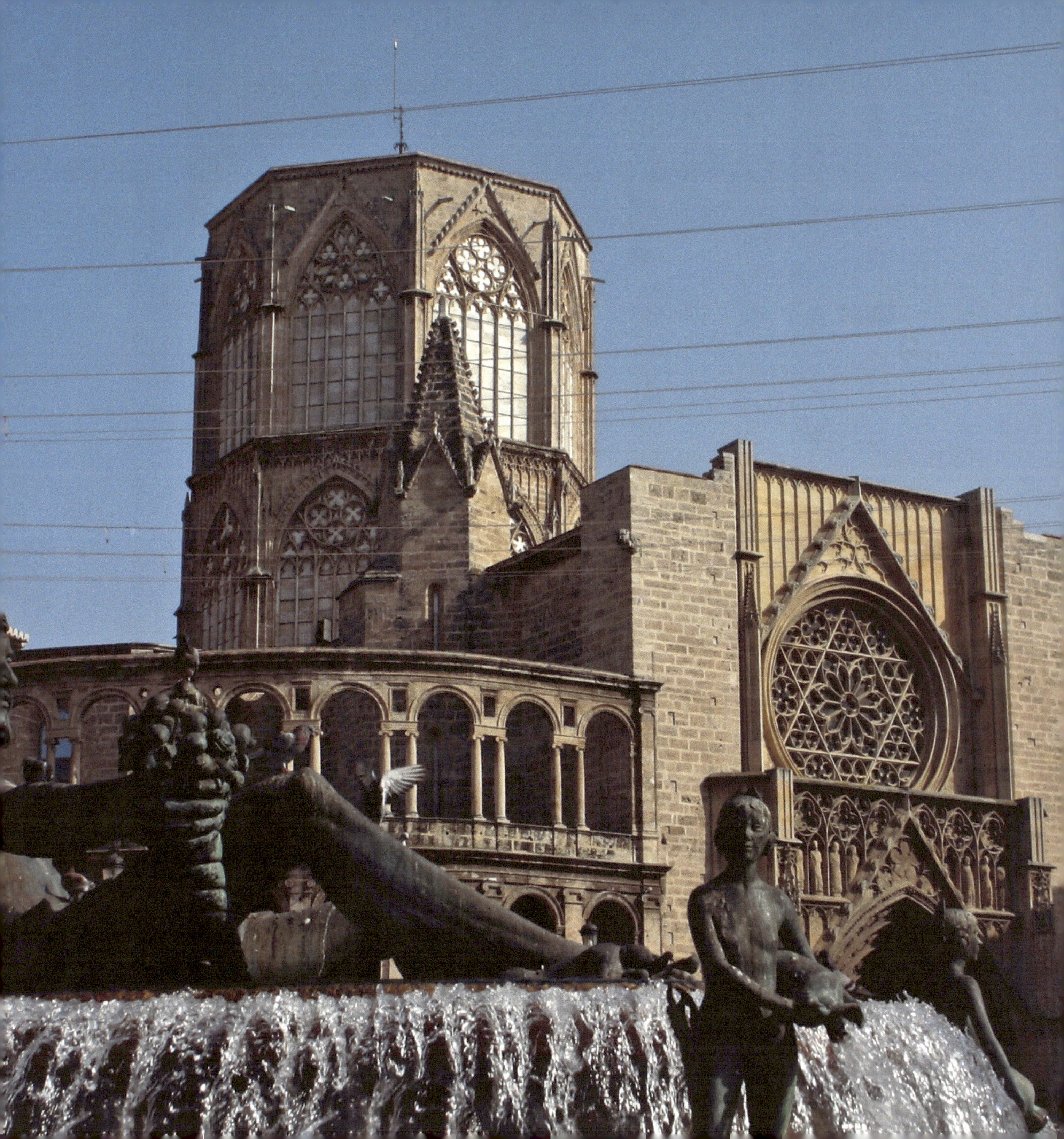

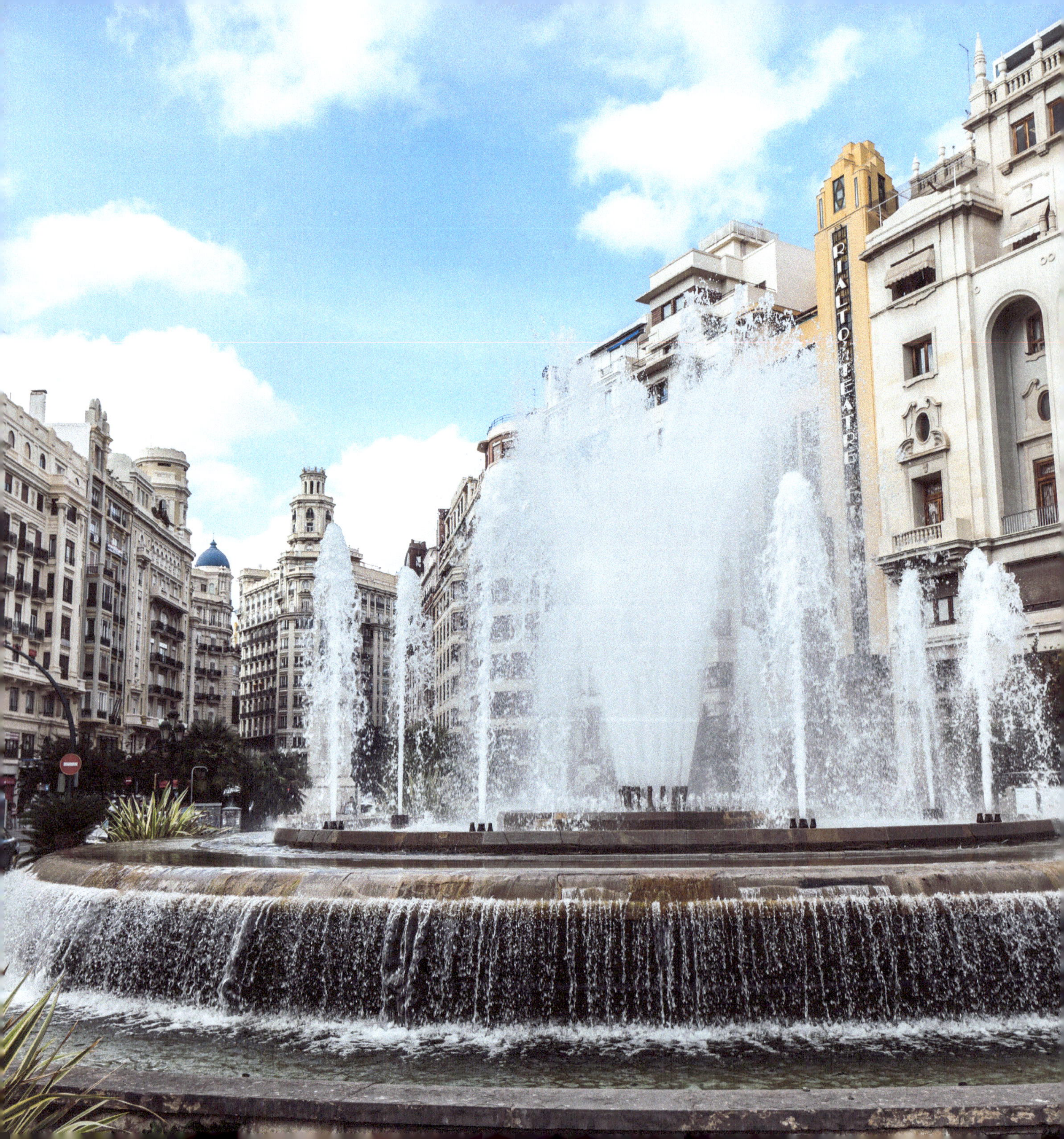
RIALTO TEATRE

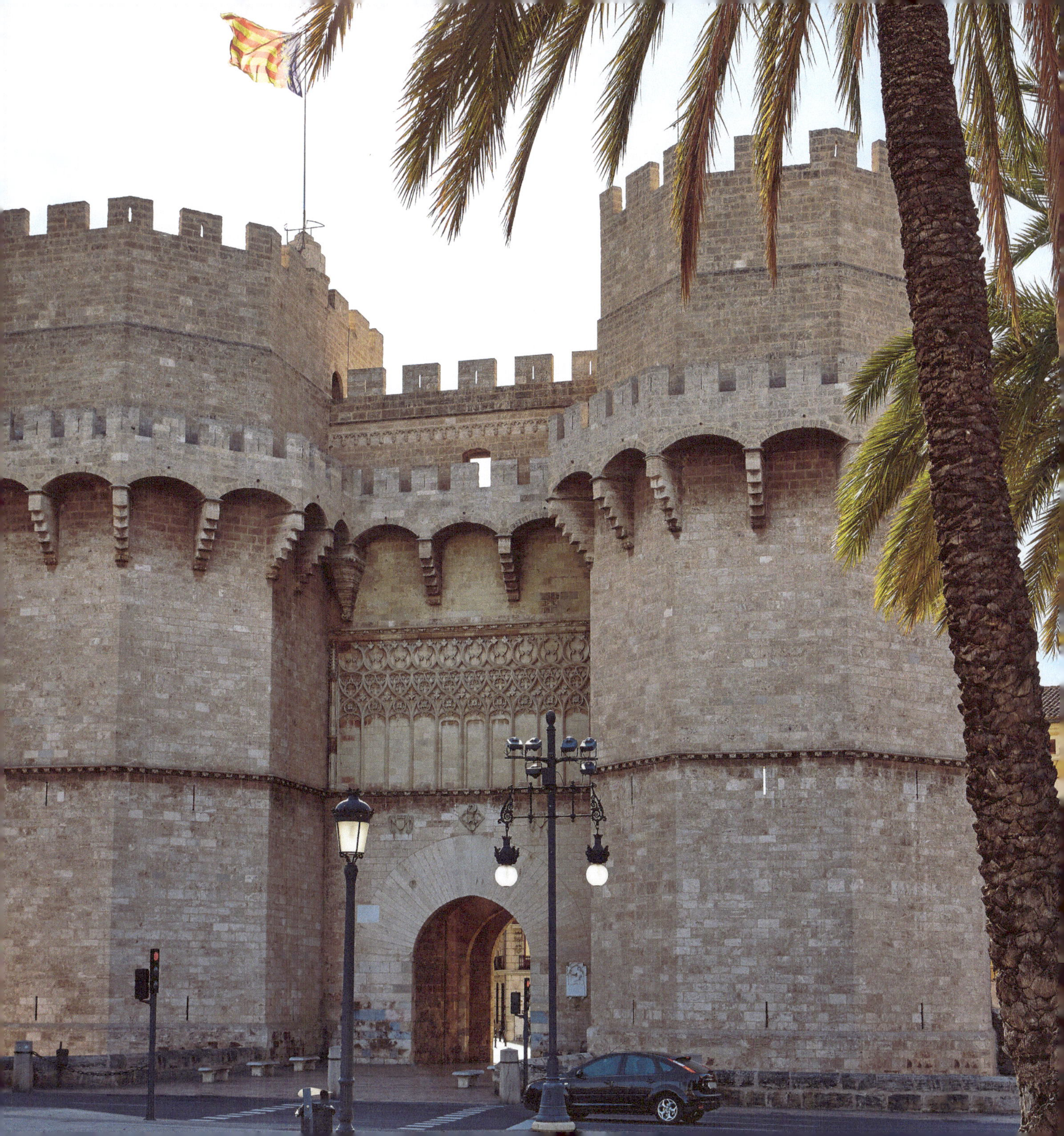

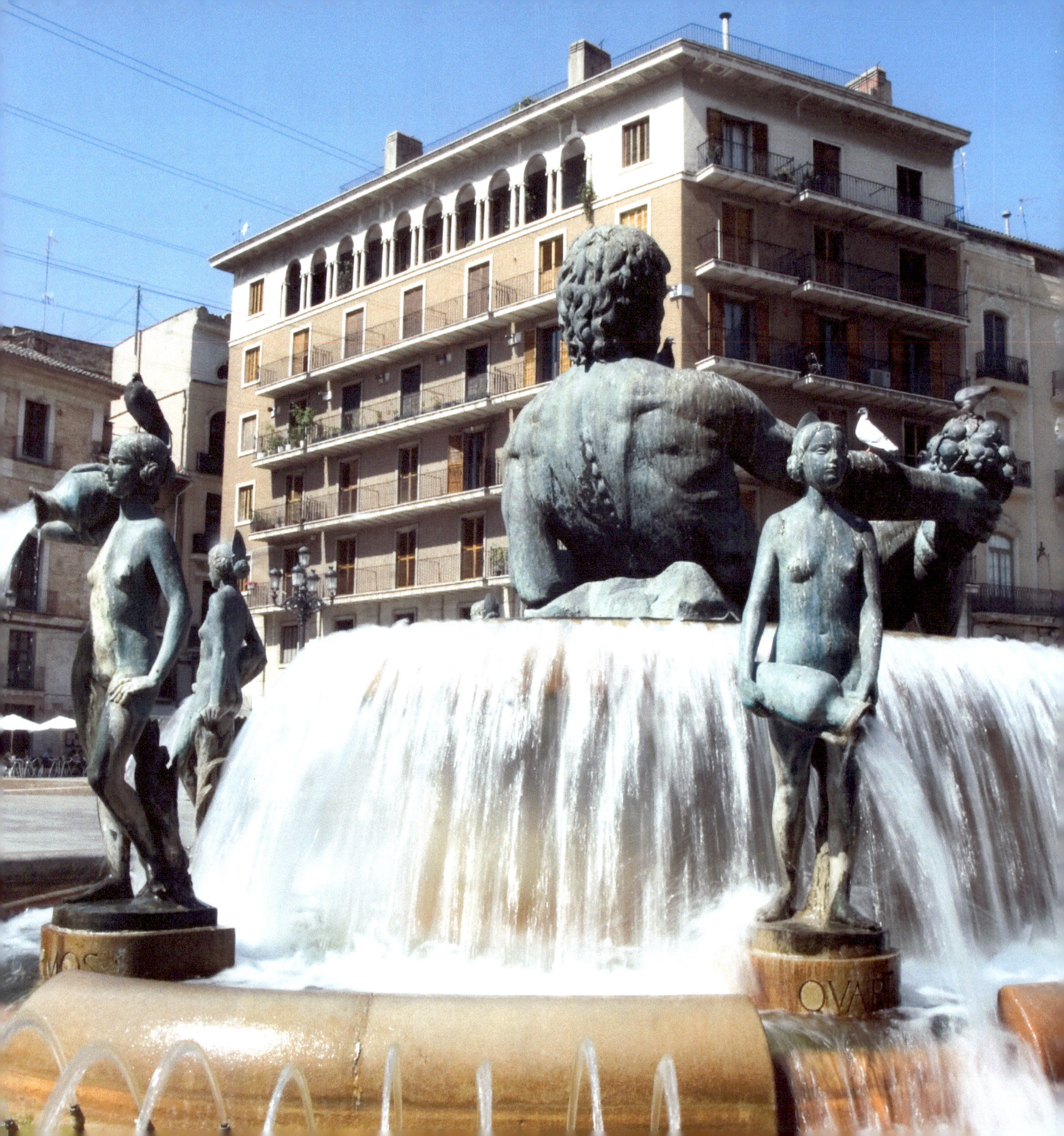

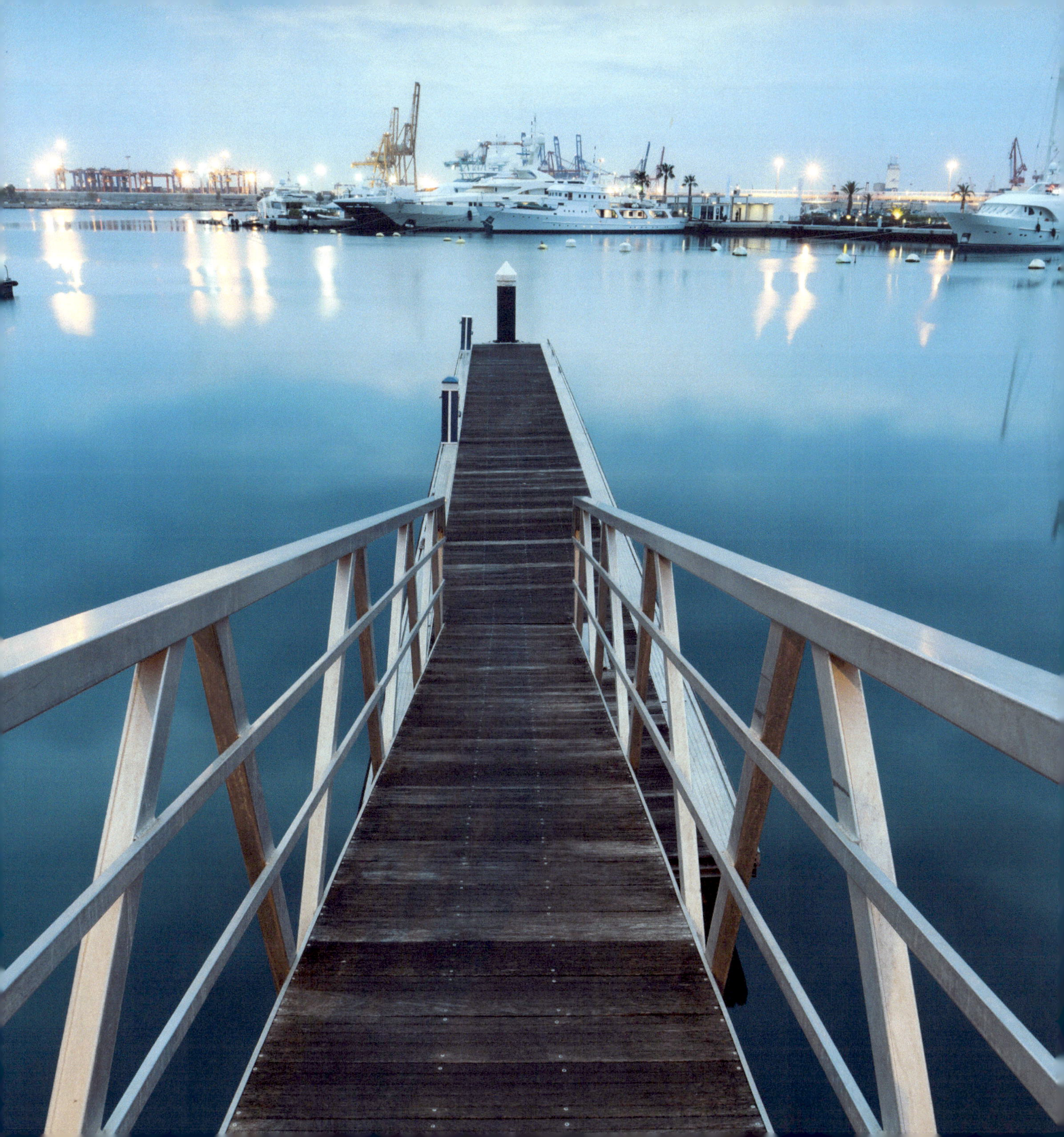

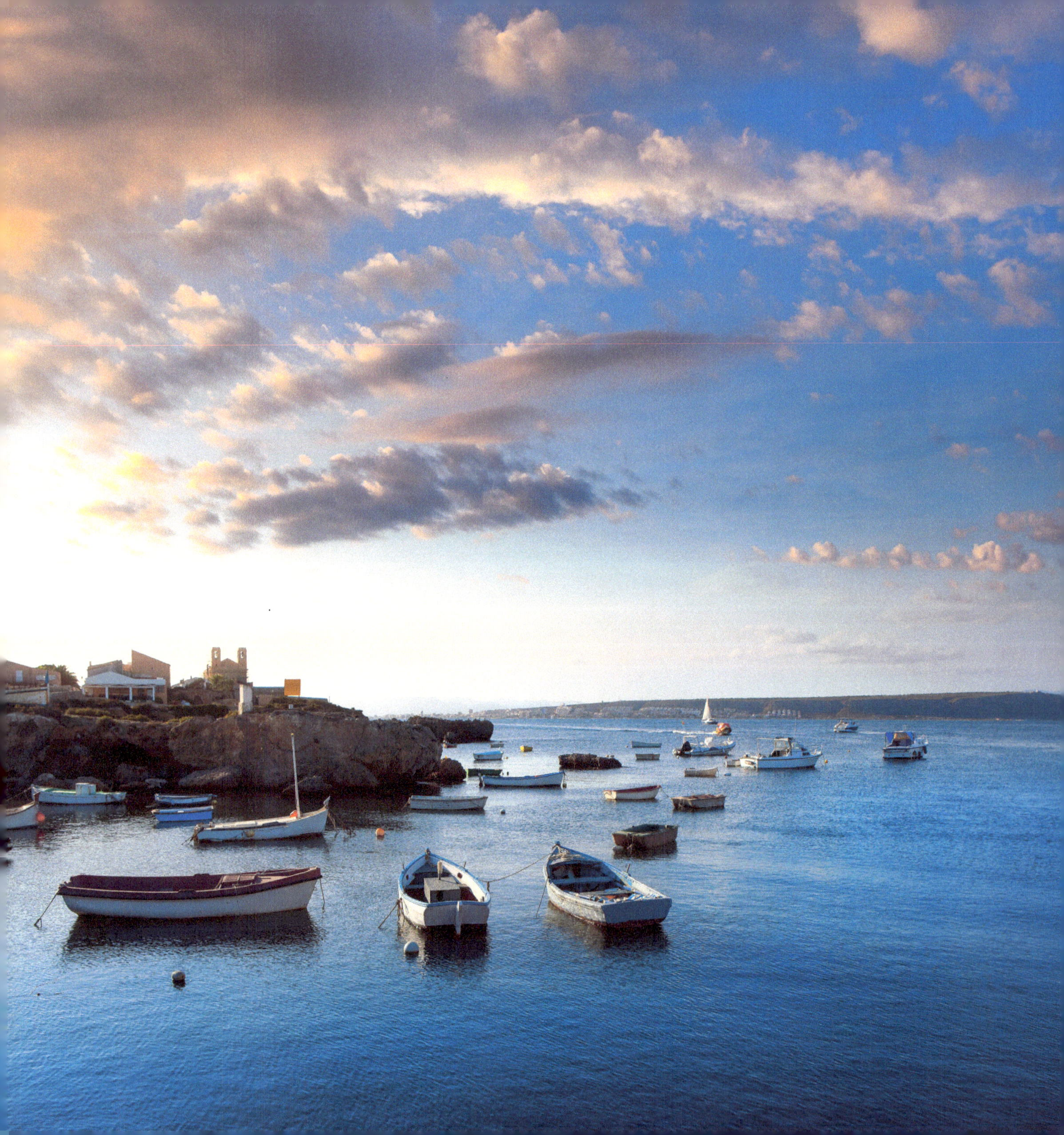

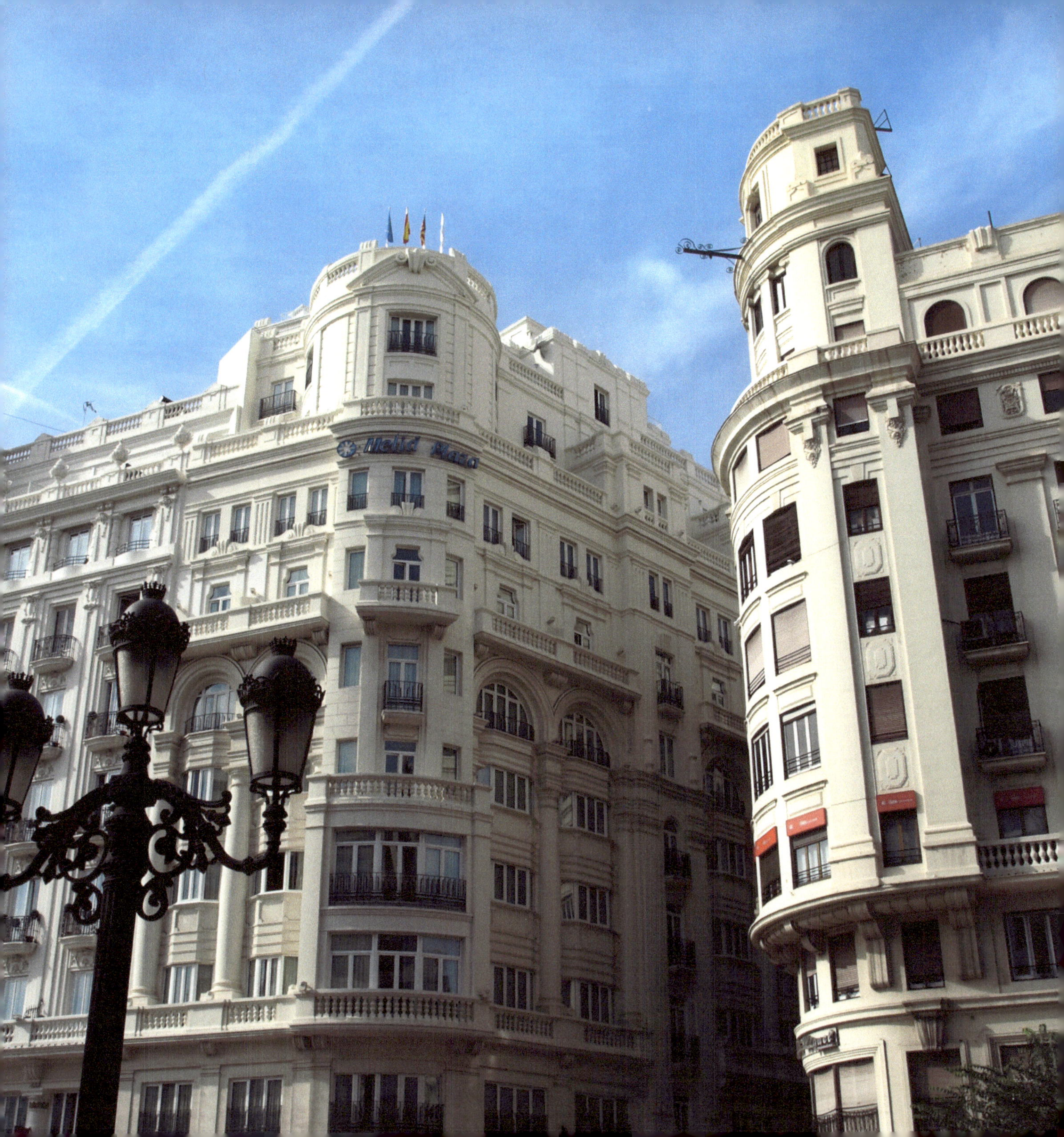
Meliá Plaza

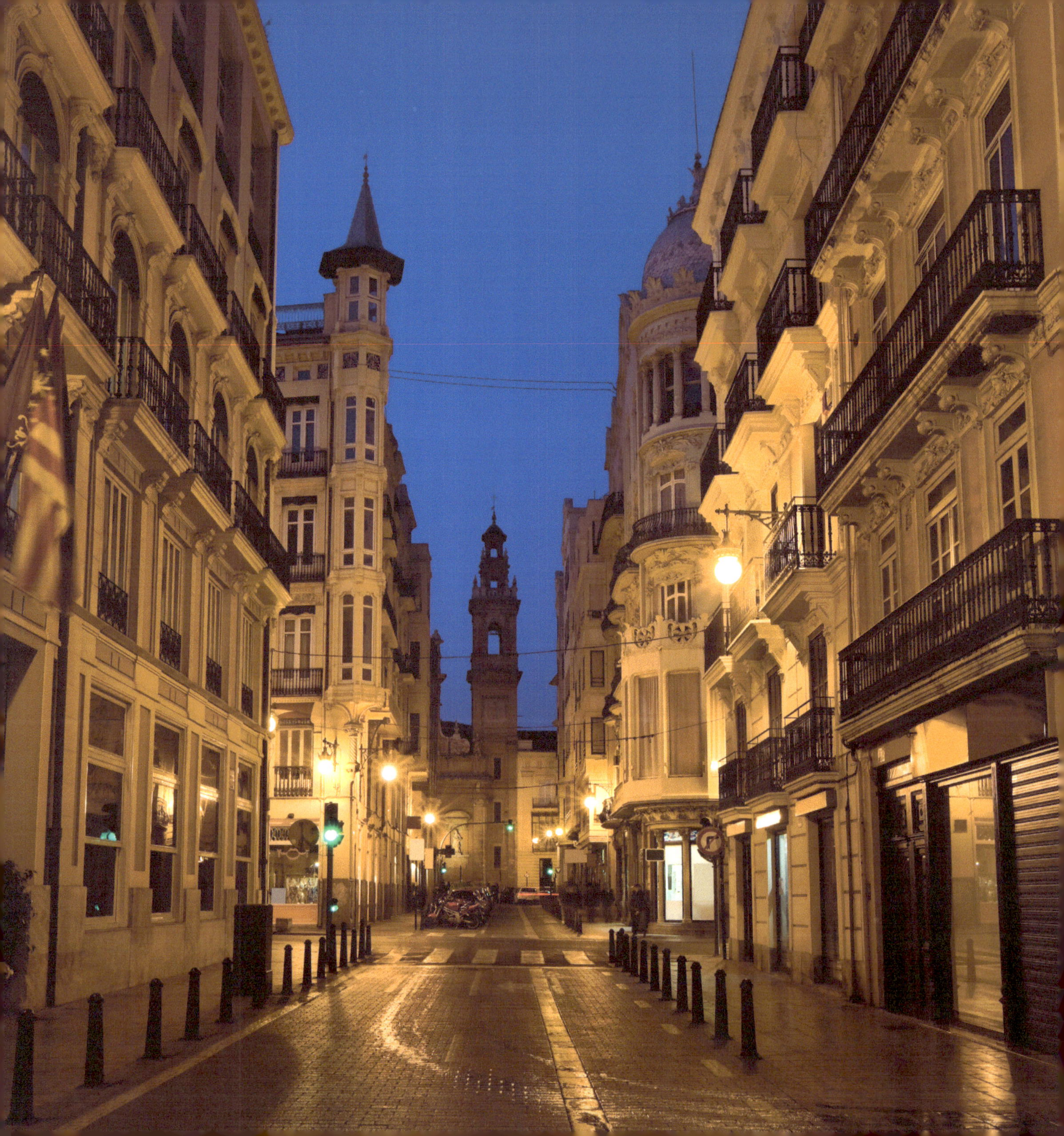

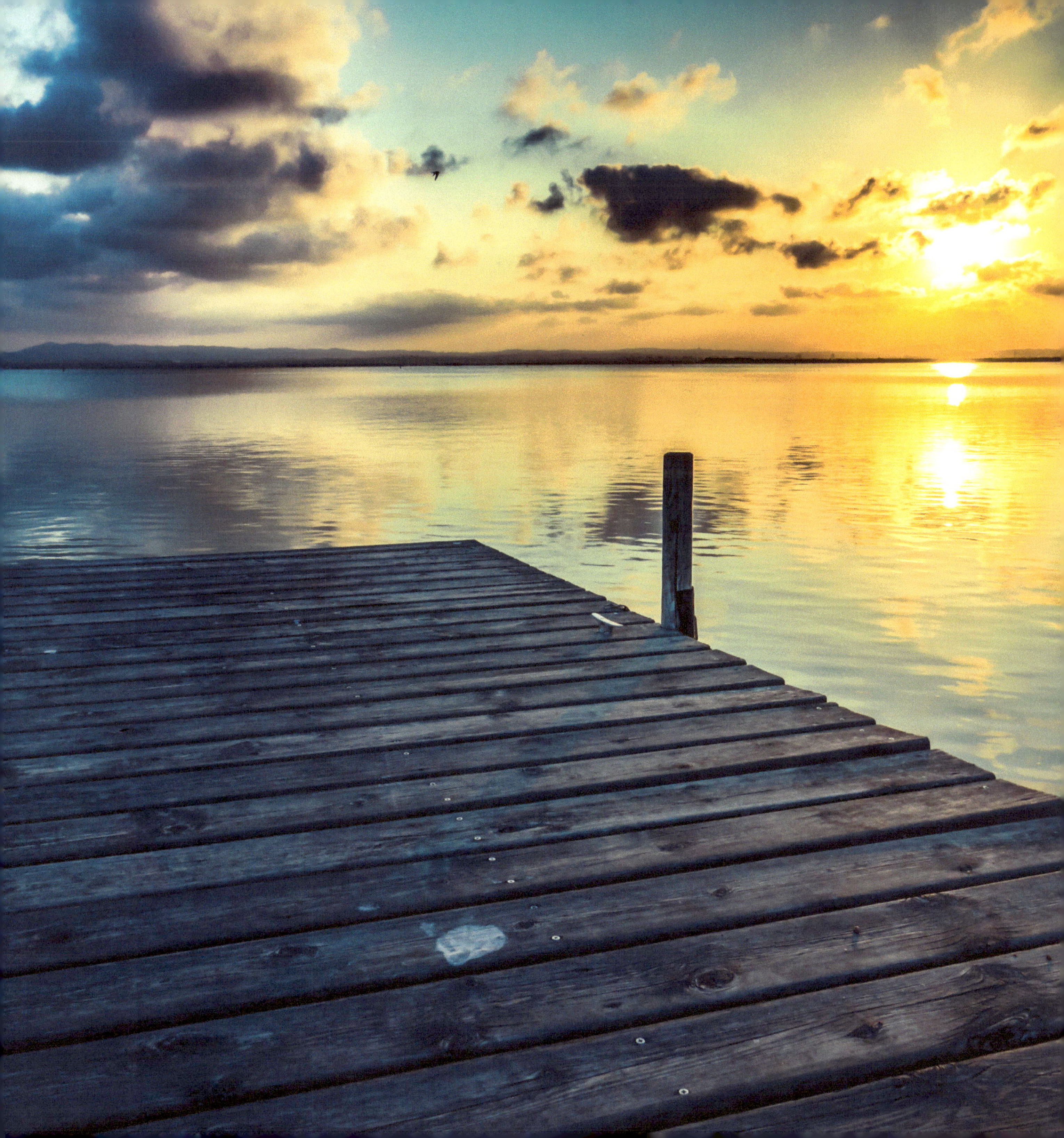

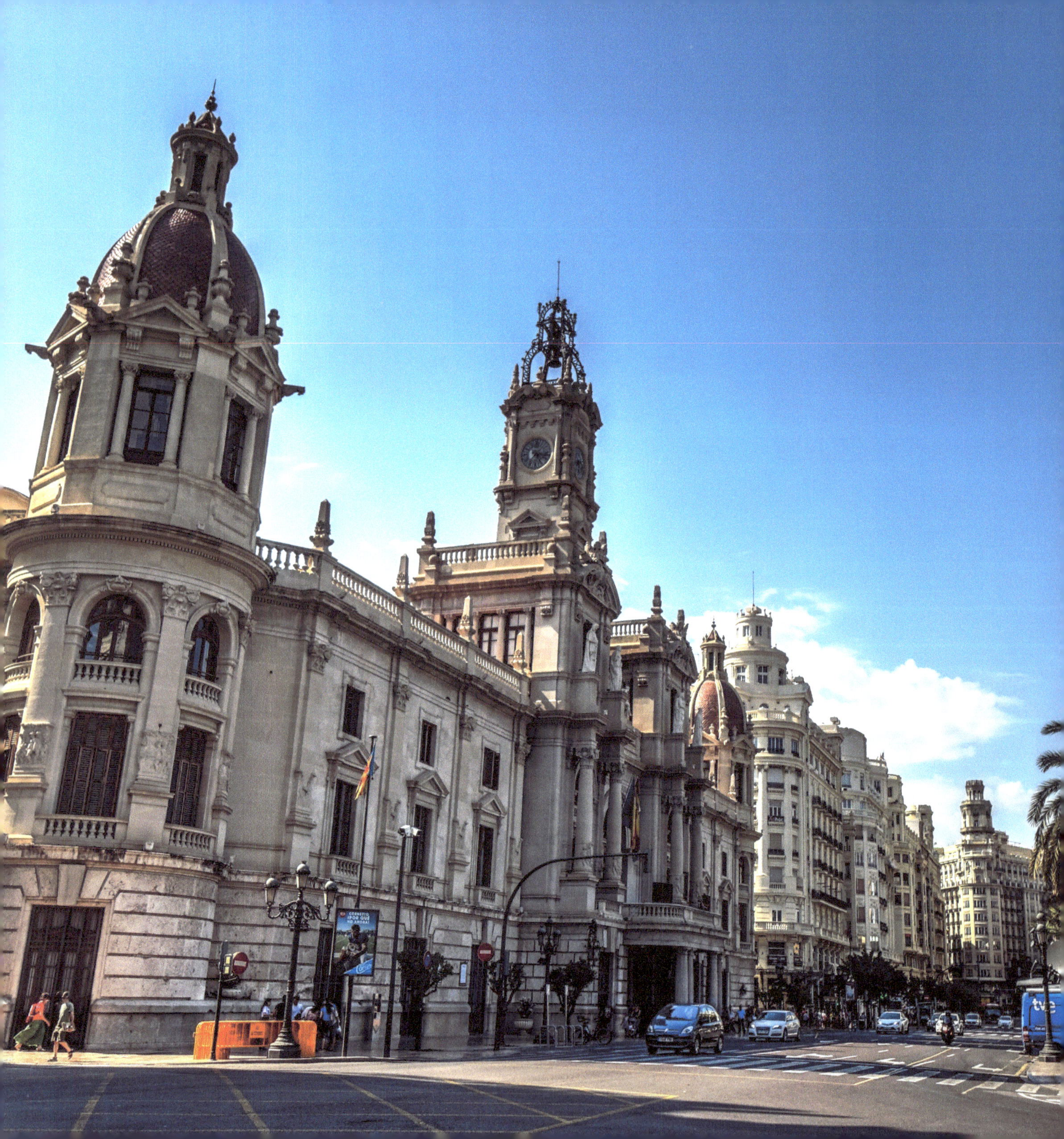
tve

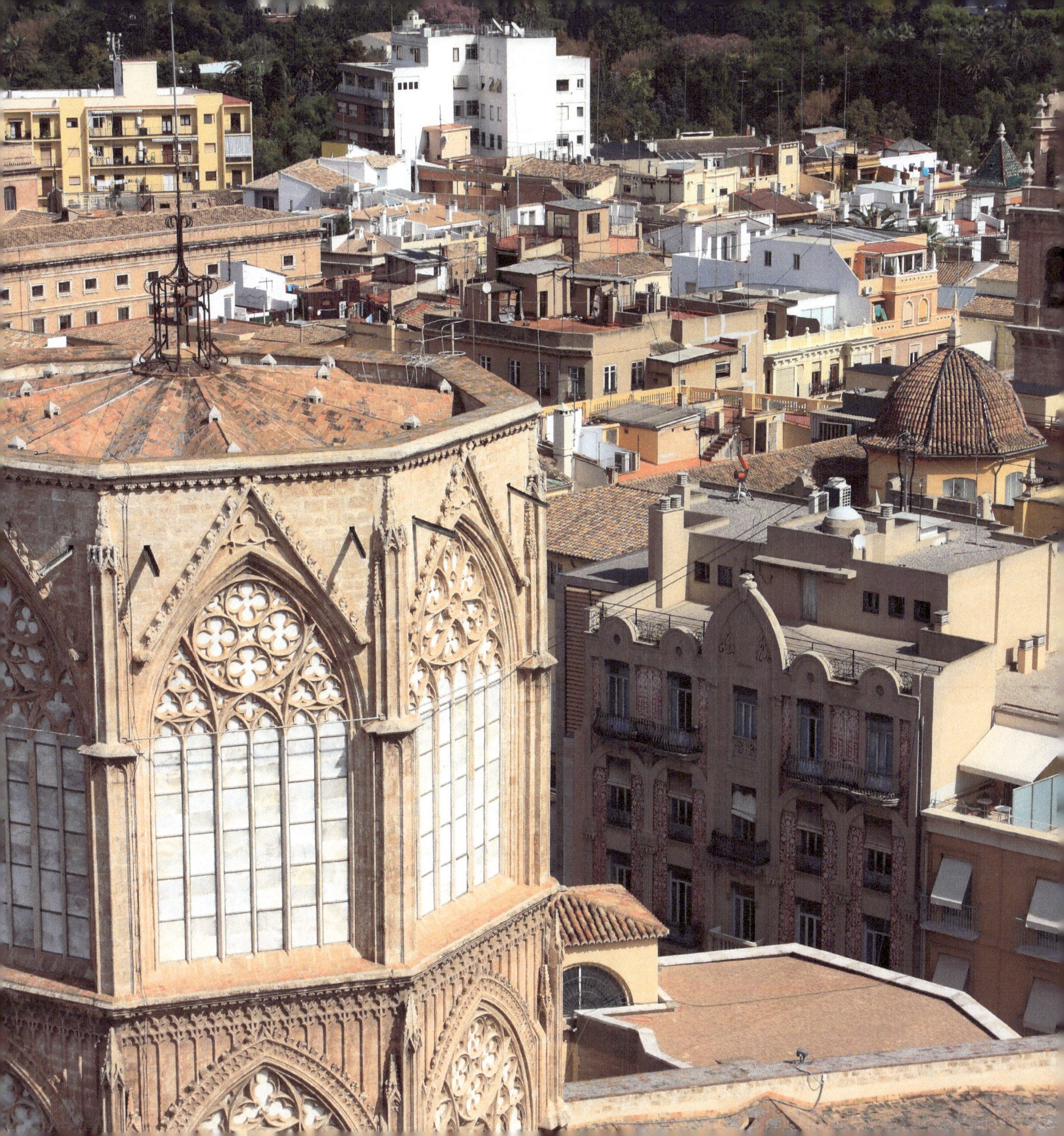

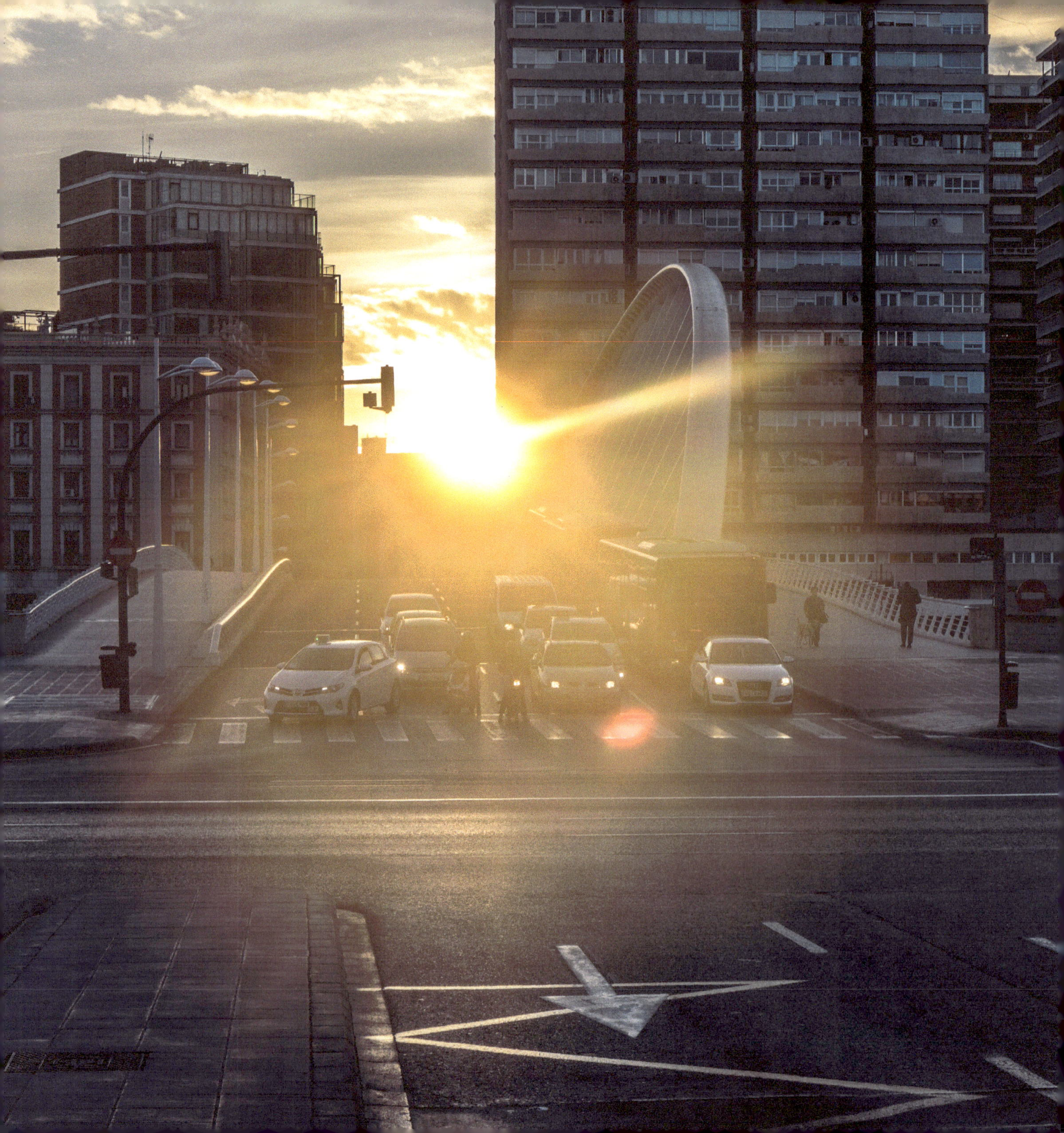

www.ingramcontent.com/pod-product-compliance
Lightning Source LLC
Chambersburg PA
CBHW040418220526
45473CB00004B/1282
9798423262716